DIOS
RESTAURA LO QUE PASÓ
VIVENCIAS

Pastora Sonia I. Gómez de Díaz PhD
©2017 Primera Edicción

Dios restaura lo que pasó Vivencia
Pastora Sonia I. Gómez de Díaz PhD

Todas las citas bíblicas tomadas de la versión
Reina Valera 1995 y la NVI

Editado por:
© Publicaciones Libertad
publicacioneslibertad.rd@gmail.com
República Dominicana

Contactos:
Facebook:
Pastora Sonia Gómez
Email:
drasoniag59@gmail.com

Contenido

Dedicatoria

Dedico estas vivencias restauradas por Dios a mi Señor Jesús, autor y consumador de mi vida. Me siento honrada luego de entender y aceptar que toda obra para bien conforme hayamos sido llamados, por tal razón, le agradezco infinitamente haber transformado todo mi lamento en baile y usarlo como medio de bendición para salvar y restaurar mi alma, para poder servirle y servir a otros. Más allá de esto, por permitirme escribir este libro, enjugando cada una de las lágrimas que brotaron de mis ojos día a día al redactarlo.

Amado Jesús gracias por traer a mi memoria datos que solo podía recordar y enfrentar a través de tú presencia, así mismo al confrontarme y estimularme en estos nueve años de redacción para poder terminarlo sin desfallecer. Reafirmo, servirte es un placer. Gracias.

Pastora Sonia

Agradecimientos

No pudiera dar marcha a estas crónicas de vida sin reconocer a las personas que fueron mi refugio, inspiración y esperanza en estas lacerantes vivencias, por conducirme hacia El Señor cuando no tenía fuerzas para enfrentar mi realidad. Ellos me ayudaron a renovar mi estima y mí valía con sus sabios consejos y apoyo en los momentos más difíciles. Por haber estado junto a mí hasta el final, su sostén amor y desvelo en los momentos más críticos de mi vida fueron fundamentales para llegar hasta aquí. A mi esposo Agapito Díaz, por su amor, comprensión y apoyo incondicional día a día, a mis hijos y sus compañeros/as, a Sonyvette, Darwin Daryvette [Rip] y Junior, su presencia y apoyo han sido un soporte cálido y necesario.

A estos maravillosos hijos nacidos, unos de mi vientre y otros de mi alma, les debo el desafío de aprender para poder instruir, con pericia, paciencia y gracia, a mis hermosos nietos/as, por haberme ayudado con su amor y entrega a llenar el vacío que deja la partida de los que ya no están, a mi sobrina hija, Ivelisse y su esposo Luis, sin ustedes la estadía de Daryvette aquí en la tierra hubiera sido más difícil.

A los pastores Luis y Teresa Fernández, por su oración y paciencia durante once largos años, hasta conducirme a los pies de Jesús, por su apoyo ministerial hasta el día de hoy, al Pastor Pablo Fernández, mi primer pastor, su entrega y dominio al disertar la palabra de Dios me sirvieron de ejemplo y motivación para escudriñar la palabra, a la Lic. Jenny Fernández por su valiosa contribución y entrega, sus aportaciones fueron inestimables para ver culminada esta obra vivencial, a Idalia Vicens y Juan E. Díaz, gracias por adoptarme cuando más lo necesité, su confianza y amor me dieron esa seguridad que se requiere para poner las manos en el arado, al Dr. José Garay por estar conmigo y mi familia mano a mano en los momentos más difíciles de una madre que está a punto perder a su hija puede soportar, por su entrega al mirar a Daryvette no como una paciente mas, sino como un ser especial, gracias. A mis hermanos/as, sobrinos/as y familia en general, a todos los pastores, ministros amigos y compañeros de trabajo con los que he confraternizado a través de los años.

Por ser un apoyo fisco emocional y espiritual en los momentos más difíciles, a todos ustedes mis respetos.

Gracias.
En todo tiempo ama el amigo. Y es como un hermano en tiempo de angustia." Pr. 17:1

Pastora Sonia

Introducción

Conviene que yo declare las señales y milagros que el Dios Altísimo ha hecho conmigo. Daniel 4:2

Si echamos un vistazo a través de la historia de la humanidad encontraríamos una gama de vivencias de todo tipo. Muchas hermosas que relatan logros alcanzados, los cuales han fungido en beneficio de la sociedad, otros fugaces, llevando a su paso tiniebla y dolor. Hombres y mujeres ilustres, artistas, médicos, educadores, políticos, religiosos y mártires, transportando a su paso una gama de vivencias memorables, otros que transitan por la vida desapercibidos, exhibiendo un bajo perfil, ya sea porque quieren, o porque no pueden hacer otra cosa. Sea cual fuera la razón, en este efímero pasar por la vida todos tenemos una historia que contar, lo que no es muy común es encontrar tantas vivencias devastadoras en una sola vida. Así como declaró Nabucodonosor el rey de Babilonia, luego de tantas experiencias de impacto, batallas sanguinarias, conquistas, poder, jardines colgantes (una de las siete maravillas del mundo), perder el razonamiento, vivir junto a las bestias del campo y comportarse como ellas durante siete largos años, para luego tener que reconocer que la gloria y la adoración no le pertenecen a él ni a las estatuas edificadas con dicho fin, sino al Dios que sobre pasa todo entendimiento, poder y gloria. Indefectiblemente habría que decir: "Conviene que yo declare las señales y milagros que el Dios Altísimo ha hecho conmigo."

Aquí encontraras breves pinceladas de los siguientes temas: Alcoholismo y co dependencia familiar, abuso sexual, acoso escolar [Bullying], rechazo, auto estima, juventud deteriorada, deserción escolar, violencia domestica divorcio, madres solteras, matrimonio e hijos discapacitados.

Dios restaura lo que pasó (vivencias), conjuntamente, contiene material de auto ayuda y algunos casos reales para reforzar el tema en cuestión, los cuales están debidamente autorizados por sus respectivos protagonistas, los nombres han sido cambiados para proteger su identidad.

Ver realizada esta encomienda dada por Dios tomó tiempo, esfuerzo y muchas lágrimas, mi deseo constante de no seguir con esta comisión, contribuyó a que tomara más de nueve años en escribir este libro, hoy en honor a mi Señor, por todo lo que me ha dado, le brindo esta ofrenda, la cual comparto con orgullo con todos los hombres y mujeres que sufrieron vivencias amargas y hoy pueden decir "Dios restaura lo que pasó".

Pastora Sonia

Capítulo 1

PRIMEROS AÑOS DE FORMACIÓN

El plan de Dios para cada familia está claramente definido y muy bien estructurado en su palabra, si cada familia entendiera y actuara

Instruye al niño en su camino y aun cuando fuere viejo no se apartará de él. Pr. 22:6

bajo el principio divino establecido por Dios para el matrimonio y la crianza de los hijos, los resultados fueran diferentes. Salomón fue un rey que tuvo todo lo que cualquier individuo pudiera desear, poseedor de grandes riquezas, oro, plata, siervos, animales, construyó majestuosas edificaciones y sobre todo, sabiduría, consejo y ciencia, más sobresaliente que todos sus antecesores. En síntesis, obtuvo todo lo que deseo su corazón y las añadiduras, fácilmente pudo haber hecho alarde de todo su conocimiento al momento de hablar sobre la forma de instruir a un hijo. En cambio su sabiduría se hizo inalterable cuando reconoce el poder eterno de Dios en todo lo creado. No solo lo declara su insigne frase: "Todo es vanidad debajo del sol" al reconocer lo diminutos que podemos ser ante el poder y la gracia de nuestro Creador, también lo hace cuando declara: Instruye al niño en su camino, y aun cuando fuere viejo no se apartará de él, esto implica que una niñez cubierta de ejemplo, dedicación, cuidados e instrucciones fiables de la palabra de Dios; las cuales integren el espíritu, alma y cuerpo, aumentarán las posibilidades de encontrar hombres y mujeres más centrados y diestros respecto a la vida y sus exigencias.

Instruir (Hanok) es un nombre que proviene del idioma hebreo y quiere decir dedicado. El hijo o la hija que dedican, en este caso a Dios, con el fin de transmitirle conocimientos o habilidades en línea con lo que la palabra de Dios establece, tendrán un buen futuro. La definición de instruir, según La Real Academia Española (RAE), es: Comunicar sistemáticamente ideas o conocimientos. Instruir es adiestrar, criar, disciplinar, educar y enseñar entrenar entre otros. Esta definición es similar a la definición de Hanok, la diferencia estriba en que cuando una instrucción se basa en el conocimiento y guía de Dios y no de los hombres exclusivamente, hay aprendizaje, gozo, sanidad y un inmenso amor que irradia de una vida instruida, además, formada en línea con la palabra de Dios. Lamentablemente ese no fue el caso de la protagonista de estas vivencias.

El linaje de una madre

Provenir de un hogar numeroso (catorce hijos para ser exactos) y ser la más pequeña no fue tarea fácil. Los escasos recursos económicos, educativos y emocionales, la real y justificada preocupación de mi madre para conducir nuestra familia hacia un futuro firme y próspero eran la orden del día. La situación se agudizaba, ya que mi padre tenía un fuerte problema de dipsomanía o alcoholismo. Esta adicción le impedía cumplir a cabalidad con su rol de esposo y padre de familia, (cabe señalar que mi madre tuvo que tomar las riendas del hogar en casi todas las aéreas, hasta que mi padre se rehabilitó de su adicción al alcohol) Todas estas carencias crearon fuertes disfunciones en nuestro núcleo familiar, las cuales pude asociar y comprender a través de los años. Aunque mi madre demostró firmeza, entrega y persistencia en torno al rol que representaba, la forma de corregir y educar a sus hijos revelaba en ocasiones dureza, cansancio, hastío y mucho enojo, es posible que debido a las carencias de su propia formación, estuviera dando a duras penas lo que poseía, desarrollando un fuerte carácter y actitudes en ocasiones difíciles de asimilar.

El tiempo para mimar, escuchar los problemas o para ayudar en las tareas era limitado, ya que lo consumía en las labores del hogar. Por otro lado, a muy temprana edad, se tuvo que dedicar al cuidado de sus hermanos menores, debido a la ausencia de su padre biológico. Esto trajo como consecuencia que mi madre no pudiera asistir a la escuela, ya que mi abuela trabajaba y ella cuidaba a su familia siendo una niña. Para ella fue frustrante, debido a que constantemente lamentaba la triste realidad de ser parte de la población analfabeta de nuestro país. Esta mujer que resalto y admiro, aunque no poseía un grado escolar, era muy firme y luchadora, su escaso conocimiento académico, aunque buena para los números, no fue un impedimento para crear un negocio de ventas de comidas y dulces para ayudar a sustentar la familia. Su dedicación, lucha y gallardía fue de principio a fin.

Mi primera estudiante

Un dato que me enorgullece y emociona resaltar es recordar que ella fue mi primera alumna. Yo tenía alrededor de ocho años cuando le enseñé a escribir su nombre a petición de ella. Su cansancio físico y mental no le permitió ser la estudiante que ella hubiera querido, se quejaba porque su nombre y apellido eran demasiado largos. Intentaba aprenderlo haciendo un gran esfuerzo, pero reconocía que no podía, un día me dijo: "Nena vamos a hacer algo, acortemos ese nombre y que mi apellido sea una cruz", la idea no me parecía buena, pero acate su decisión, desde ese día hasta el final de sus días su firma fue Pura X, su lema continuo era: "mija' estudia si quieres ser alguien en la vida." Al crecer, conocer y entender la dura experiencia que le tocó vivir desde su niñez hasta su partida, pude comprender y sanar todos los sentimientos negativos que pudieron aflorar hacia ella. Los resultados de este análisis ocasionaron en mí un gran respeto y admiración por mi madre, ya que ciertamente fue una heroína. Todavía la recuerdo y lloro la ausencia de mi amada estudiante, madre y amiga, no hay con que comparar su amor y su consejo, muy claro lo dejó establecido el Señor en su palabra cuando expresó: *"No desprecies la dirección de tu madre". Pr. 1:8b.*

Esa dirección tan acertada en relación a lo que en realidad nos conviene, esos consejos tan precisos, llenos de amor y sabiduría son incomparables, llegará el día en que los desearemos mucho más que el aire que respiramos, paradojas de la vida, luego entendí que había heredado mucho de su carácter.

El linaje de padre

Mi padre era el polo opuesto de mi madre, (como debe ser para que haya un buen balance) era todo un personaje, un hablador incansable, músico, compositor de décimas y muy vivaracho, además era muy consentidor, pausado, menos afanado y muy alegre. Creo que de él heredé mi anhelo por cantar y las destrezas para tocar el güiro, (instrumento típico de mi país) pienso que por eso me identificaba tanto con él. Yo era su zurrapa.

La zurrapa

Indicativo de que era la más pequeña de todos sus hijos, triste para mí al conocer después en mí adultez, que la definición de zurrapa no era tan agradable.

Se refería a un filamento o sedimento que se forma o se va posando dentro de un líquido o cosa despreciable, es sinónimo de pozo residuo o algo repugnante e insignificante,(gracias a Dios que mi padre nunca lo supo) aprendí a aceptar el concepto con orgullo porque provenía del amor que me profesaba mi padre al ser la más pequeña de sus hijos. Cancelé, renuncié y cerré toda puerta a todo lo que su definición encerraba al conocer su significado, he aprendido en este caminar que no podemos enlazarnos con palabras recibidas, aunque creamos que son halagadoras. *Te has enlazado con las palabras de tu boca, Y has quedado preso en los dichos de tus labios. Pro 6:2:*

Inicios lastimeros

Lamentablemente ese fue el curso que tomó mi triste vida, encerrada en mi sedimento, sintiéndome insignificante, débil y despreciable. Estos sentimientos comenzaron a manifestarse cuando mi padre tomaba y perdía el control por la fuerte dosis de alcohol que consumía, la admiración que sentía por él, decaía hasta desvanecerse. Me sentía muy triste e insegura a causa de las fuertes crisis que esta conducta producía. Mi padre sufrió mucho con su adicción, hasta enfermar del corazón. Su médico le dijo que tenía que escoger entre la bebida o su vida. Recuerdo que un día le recetó un medicamento muy costoso para ayudarlo con su problema, él expresó: "yo no nací bebiendo", botó la receta y no tomó alcohol nunca más (si hubiéramos conocido de la existencia de esa pastillita, nos hubiéramos evitado muchos dolores de cabeza).

Adicción en mi hogar

Un dato muy importante que no puedo pasar por alto en estas vivencias es el siguiente: Por más que amemos a nuestros padres, los efectos devastadores que sufre la familia de personas que poseen alguna adición, pueden ser catastróficos si no son confrontados y trabajados a tiempo, más importante aún, con el conocimiento requerido. Basada en esta premisa quiero brindarte información relevante, la cual puede ser muy valiosa si viviste una experiencia parecida a la que te acabo de relatar, o si conoces a alguien que está pasando por esta dolorosa experiencia de vida llamada "adicción en mi hogar". Para mí, esta información fue fundamental para comenzar mi proceso de restauración y sanidad. Veámoslo primero desde un enfoque psicológico.

Datos relevantes de la dipsomanía o alcoholismo según el DSM-V

Mi pueblo perece por falta de conocimiento; Os. 4:6

El Manual diagnóstico y estadístico de los trastornos mentales {DSM-V} es un documento usado por profesionales de la salud, especialmente psicólogos, psiquiatras, consejeros, entre otros. Este manual presenta información relevante para ayudar a las personas que sufren algún tipo de trastorno. Se considera clínicamente un trastorno a: "una alteración del estado de la salud, del comportamiento o las facultades mentales de una persona", el ánimo o la conducta de esa persona se altera, poniéndolas nerviosas o intranquilas. El alcoholismo o dipsomanía esta evidenciado en este manual como un trastorno (no siempre fue así), esta información también puede ser de utilidad para las personas con adicción a droga o a medicamentos. Cabe señalar que solo puede diagnosticar un profesional de la salud debidamente autorizado o certificado, reitero que este tema debe ser tratado con el debido cuidado que requiere, ya que no solo el adicto es afectado con el problema, su familia y allegados son perturbados también.

Posibles repercusiones en los hijos

Estadísticas en relación a este tema arrojan, que por cada adicto al alcohol o a las sustancias controladas que existen, un mínimo de siete personas en su entorno sufre en mayor o menor grado los efectos de la adicción. Los más afectados podrían ser los padres, cónyuges, hijos, hermanos; y, en segundo lugar, los amigos, compañeros de trabajo e inclusive los jefes. Las consecuencias de estas adiciones, tanto para el adicto como para la familia, ocasionan resultados extremamente dañinos, obviamente si no son identificados y tratados con la requerida premura y eficacia que requiere. Las personas que rodean al familiar adicto pueden enfermar, convirtiéndose en co dependientes.

¿Qué es un co dependiente?

La co dependencia es una condición psicológica en la cual algún miembro de la familia puede manifestar una excesiva (y a menudo inapropiada) preocupación por las dificultades de la persona adicta. Es un estilo de vida dirigido y centrado en torno a algo o a alguien. El co dependiente es el individuo que va a vivir dependiendo de las exigencias del adicto toda la vida si no es tratado. Esto puede ser debido a lo significativo que sea esta persona, o por el deseo (muchas veces inútil), de que esté bien, que cambie o que no sea señalado o lastimado por los demás. Su atención, intereses, voluntad, sentimientos, en resumen, su vida, gira en torno a esa persona, muchas veces en forma enfermiza. Esta actitud puede crearle serios trastornos al familiar que posee la co dependencia. Sería prudente conocer algunos rasgos distintivos de esa población

Posibles señales en el adicto o en el familiar co dependiente

1.	Dificultad para establecer y mantener relaciones íntimas sanas 2. Congelamiento emocional 3. Perfeccionismo 4. Necesidad obsesiva de controlar la conducta de otros 5. Conductas compulsivas 6. Sentirse responsables por las conductas de otros 7. Profundos sentimientos de incapacidad 8. Vergüenza dañina 9. Auto imagen negativa 10. Dependencia de la aprobación de otros.

Señales físicas: Dolores de cabeza y espalda crónicos, gastritis, diarrea crónica, entre otras.

Señales sentimentales y emocionales

Depresión Miedo *Tristeza *Rencor *Resentimientos * Ira *Odio *Inseguridad *Negación *Amargura * Soledad *Confusión * Rigidez * Ansiedad *Adaptación al sufrimiento *Sobreprotección * Violencia * Incapacidad para resolver conflictos* Capacidad comunicativa pobre * Estrés ante la conducta impredecible * Desordenes sexuales (en muchos casos incesto) *Falta de intimidad * Baja autoestima *Aceptación social del consumo de alcohol * Unión excesiva entre los miembros de la familia o distanciamiento

El peligro de estas malformaciones

Estas anomalías pueden crear fuertes conflictos, ya que esa fue la formación recibida y por tal razón no saben vivir de otra forma. Estos indicadores pueden estar presentes en algunos, o en todos los miembros de la familia durante toda la vida. En síntesis, es como si el familiar co dependiente no pudiera distanciarse de las emociones enfermas del que posee la adicción para sentirse bien, es como si vivieran bajo un eterno "si tú estás bien, yo estoy bien. Si tú estás mal, yo estoy mal"

Estas disfunciones, pueden crear hogares donde los padres son controladores y agresivos y por ende los hijos lo serán también. Esta puede ser una razón por lo cual los hijos ante esta crianza se tornan adictos, agresivos, promiscuos y confeccionadores de futuras relaciones enfermas. Los hijos, sin querer, pueden estar repitiendo la misma historia, aunque quieran huir de ellas.

No tuvimos opción

De nada vale lamentarse o arremeter en contra nuestra experiencia de vida, no podemos olvidar que no tuvimos otra opción, ahí nacimos y crecimos, no pudimos decir me voy a vivir en la casa del vecino, ya que ahí la vida no es tan dura, esta es mi realidad, tenemos que aceptarla, enfrentarla para trabajarla con tesón. Existen diversas maneras para sanar la co dependencia, lo importante es querer salir de ella, para que puedas vivir en libertad y no atado a la cautividad de una formación maltrecha, esta plaga puede confrontarse y extinguirse solo cuando los miembros afectados de esa familia crean conciencia de las consecuencias de haberse criado en un hogar de adicción al alcohol o drogas. Además, que cree un fuerte sentimiento de aceptación, que no vamos a olvidar o dejar de amar a nuestros padres, pero si a la funesta crianza recibida. Es posible entrando en un fuerte y estructurado plan integral de restauración. Veamos lo que declaran los profesionales de la salud mental y conductistas al trabajar con esta población.

El corazón del hombre piensa su camino; Mas Jehová endereza sus pasos. Prv. 16:9

Terapia asertiva para romper con la co dependencia

Se requiere de un plan estructurado para liberar emociones contenidas ocasionadas por las experiencias vividas, este plan encierra el tratar de equipar a la persona afectada con estrategias viables para reflexionar, reconstruir y aprender a pensar de manera diferente y positiva, en fin, poder crear un nuevo modelo de relación interpersonal desde el punto de vista terapéutico. El romper con la co dependencia implica un proceso de compromiso largo y duro (emocionalmente hablando), aunque sencillo a la vez. Se basa en la premisa de que "cada persona es responsable de sí misma" y esto implica aprender una nueva conducta, en la que se enfatiza el cuidado propio, es fundamental que el co dependiente entienda que su vida ha girado en torno a los demás; con el tratamiento recibido este escenario de vida tiene que cambiar.

Desarrollando una personalidad nueva

Es esencial hacer un análisis introspectivo, para poder desarrollar una personalidad nueva, la que en realidad le pertenece, fuera de toda co dependencia. Entrar en este proceso puede ocasionar miedo y mucha ansiedad, se requiere no mirar hacia el lugar del que han estado huyendo toda su vida, allí donde aprendieron a vivir centrados en la vida de otros y no en la que en realidad le pertenece, por eso el proceso puede ser lento. Poco a poco, con la ayuda de Dios

Pastora Sonia

y la de un personal diestro en el área, aprenderán a perder el miedo, ya no querrá verse en la posición de una personalidad de co dependencia impuesta por su vivencia, más bien, podrá valorar la que en realidad le pertenece y a la nueva familia que ha procreado (si fuera el caso),comenzaran a reconocerse, cuidarse, quererse y respetarse, entenderán además, que ésta es la única manera de querer, respetar y cuidar a los demás, amándose y aceptándose sin presión ni imposición.

De esta forma podrán lograr finalmente ser los protagonistas de su propia vida. Hasta que no reconocen esta preciada realidad, no obtendrán el control sobre sus vidas.

La co dependientes de casados

Uno de los grupos de personas co dependientes que más difícil se les hace romper con esta adicción son las parejas recién casadas, cortar con la co dependencia del hogar donde vivieron, en el cual hubo adicción, es muy difícil. El proceso de adaptación a la nueva familia y el romper con la dependencia se hará aún más complicado si no se comienza a echar raíces en el nuevo hogar. Tratar de ajustarse a su nueva vida de casados es sumamente tedioso, puede acarrear fuertes conflictos y querer volver a su hogar de origen por carecer de destrezas para ajustarse a su nueva familia. Más peligroso aun, querer implantar en su nuevo hogar el viejo estilo conductual adquirido.

Para poder tener éxito en esta nueva etapa de vida debemos deshacernos de esta formación maltrecha, comenzando con una nueva identidad girada en torno a las estipulaciones acordadas de nuestro nuevo hogar, es fundamental romper con las estructuras aprendidas y establecer las que beneficien al esposo, la esposa y a los hijos. Al final de este libro estaremos tratando el tema del matrimonio, el cual puede ser muy significativo para la familia co dependiente. La biblia tiene hermosas enseñanzas en torno a este tema, sería de suma ayuda, tanto para el adicto, como para su familia. Estar al tanto de las perspectivas bíb licas en torno a la co dependencia, conocer y poner en práctica lo que Dios establece al respecto es un tesoro de incalculable valor, veamos el tema de la co dependencia desde un enfoque bíblico

¿Qué dice la Biblia en torno a la adicción?

El Señor en su palabra estableció postulaciones precisas y claras que desaprueban esa conducta, además dejó instituidas estrategias fiables para disfrutar de un nuevo estilo de vida en Cristo Jesús. Una declaración fehaciente de la desaprobación y lo dañino que estas conductas pueden ser está claramente estipulado en su palabra, cuando dice: *"Jehová, tardo para la ira y grande en misericordia, que perdona la iniquidad y la rebelión, aunque de ningún modo tendrá por inocente al culpable; que visita la maldad de los padres sobre los hijos hasta la tercera y cuarta generación." Núm. 14:18.*

Dios hace énfasis en el amor y la misericordia que posee para su creación, perdonando su iniquidad y rebelión, conoce la posición de un adicto, ya sea al alcohol, a las drogas u a otra sustancia cualquiera, Su deseo es que cambie su estilo de vida, más no tendrá por inocente al culpable (entiéndase aquel que reconoce o no, su pecado y quiere persistir en él, es doloroso su final, ya que su iniquidad se torna en severa rebelión contra Dios).

Iniquidad: Derivada del lenguaje griego "anomia", se define esencialmente en el rechazo de la ley o voluntad de Dios, la entronización o engrandecimiento de su propia voluntad, sus equivalentes son: la maldad, deslealtad, infidelidad, corrupción, vicio, depravación, entre otros.

Rebelión: Del idioma griego "parabasis", se define como trasgresión. No es otra cosa que levantarse contra la autoridad, mostrar resistencia, insurrección, sedición, lastimeramente, el castigo de la rebelión puede alcanzar desde la tercera hasta la cuarta generación. Son definiciones un tanto fuertes de digerir para personas que, según ellos, lo único que hacen es consumir bebidas embriagantes, o tóxicas, o que es algo social con el fin de cambiar su estado de ánimo, Dios siempre ha sido claro:

De ningún modo tendrá por inocente al culpable. Num.14: 18a

Depravaciones de la adicción

Es muy cierto que un alcohólico, por lo general, no puede controlar su vicio, más bien, es controlado por él, esa voluntad endeble no le permite tomar decisiones en línea con la palabra de Dios, su maldad (sea consciente o inconsciente) le lleva a cometer en muchos casos fuertes depravaciones, ya sea contra sus propios hijos u otros familiares. La corrupción del alcohólico cuando ha perdido la razón a causa de su adicción, le llevan a cometer actos de rebelión, se tornan desleales y mentirosos, henchidos de infidelidad y engaño sin importarle nada ni nadie, son seducidos por esa conducta, a tal extremo, que llegan a rebelarse en contra la autoridad suprema.

Los conductistas parecen estar en fiel acuerdo con lo establecido por Dios en la palabra cuando dicen que: "La formación de los patrones conductuales recibidos por los familiares pueden estar presentes en futuras relaciones, o sea de generación en generación". Es triste decirlo, pero para estas personas, el alcohol o la droga son su dios. Todo lo que es deseado o más amado que a Jehová, y a su vez ocupa la mayor parte del tiempo en la vida de un individuo, se torna en idolatría.

El delirio de seguir la embriaguez

El dominio de esta sustancia embriagante hace que la consuman desde que se levantan de mañana y siga hasta la noche postrados ante el vicio y lo aclaman más que a la vida. Es muy común encontrar en cada comunidad un lugar donde predominan los de adictos, no pueden tener en cuenta quien es Dios, ni las obras que emanan de Él, porque su ceguera no se los permite, así lo dijo Isaías:¡Ay de los que se levantan de mañana para seguir la embriaguez; que se están hasta la noche, hasta que el vino los enciende! Y en sus banquetes hay arpas, vihuelas, tamboriles, flautas y vino, y no miran la obra de Jehová, ni consideran la obra de sus manos. Isaías. 5:11-12.Esta palabra nos muestra claramente la rutina del que se embriaga, parecen marionetas dirigidas por su ventrílocuo, de día y noche hasta que el vino los enciende.

Encender (ekkaio): Se refiere a las pasiones o lascivias de los hombres, es ser encendido y quemado totalmente, cuando el ebrio está encendido, ardiente o apasionado, es el momento en que pierde todo raciocinio y puede cometer hechos realmente irreparables, lo que toma poder y autoridad es su carne. Muchos han llegado a tal depravación que han cometido actos incestuosos con sus propios hijos, otros familiares o vecinos, la pasión diabólica que se enciende los lleva hasta quedar presos en el poder de la disolución, Pablo habló al respecto, aconsejando: *No os embriaguéis con vino, en lo cual hay disolución. Ef. 5:18*

Disolución (en hebreo, aselgia): Se define como lascivia o lujuria, es puro libertinaje que consiste en vivir perdidamente en deleites o entregado a los placeres de la carne, en el diccionario secular se define disolución como la acción de disolver, esto quiere decir: Separar, desunir, desleír o deshacer, no saben o no quieren entender que el daño que ésta pasión perversa acarrea es devastadora e injusta, separa los componentes del núcleo familiar y del mundo en general.

"Y si una familia está dividida contra sí misma, esa familia no puede permanecer". Marcos 3:25.

Es tan aterradora y difícil la convivencia en un hogar donde suceden estos eventos, que el núcleo familiar se puede deshacer irreversiblemente. Cabe la posibilidad que ya el adicto haya muerto y la familia nunca pueda reconciliarse, lo único que queda son riñas, señalamientos y enemistad que solo pueden ser restaurados por el amor y la gracia de Jesús. Si el adicto y sus co dependientes no renuncian a la bebida embriagante, será para sus vidas y sus generaciones como mordedura de una serpiente.

Como serpiente morderá y dará dolor

No mires al vino cuando rojea, cuando resplandece su color en la copa, se entra suavemente; más al fin como serpiente morderá, y como áspid dará dolor. Pr.23:31

Analicemos detenidamente lo que el Señor nos presenta en este versículo, comparemos con cuidado los síntomas que ocasiona la mordedura la serpiente versus el dolor que ocasionan el alcohol o la droga para los adictos y su descendencia. La víbora en cuestión, es una serpiente extremadamente temible y venenosa, se caracteriza por poseer un par de colmillos largos y huecos en la parte delantera de la mandíbula superior y una cabeza triangular.

Colmillos cabeza y ojos de la víbora

Los colmillos se pliegan o se encogen hacia atrás contra el paladar cuando no están siendo utilizados, dichos colmillos se ponen rápidamente en posición para atacar. La cabeza es triangular y ancha, y suele estar cubierta de escamas, también sus ojos tienen pupilas verticales. Lamentablemente, así es la bebida para los que son adictos a ella, la cabeza pierde lucidez, forma y sobriedad, y se escudan detrás de un falso conocimiento justificado con la famosa expresión: "Yo estoy bien", o "yo no soy un adicto, soy un bebedor social". No pueden ver su condición, ni el dolor que le ocasionan a su núcleo familiar, mucho menos entender que los están deformando perpetuamente, esta situación va a provocar que tanto el alcohólico cómo cada componente de este núcleo, se arrastren como la víbora si antes no entra a escena el poder sanador y restaurador de Jesús.

No posee un temperamento feroz ni agresivo

Otra peculiaridad existente en la víbora es que no posee un temperamento feroz ni agresivo, más bien es calmado y permanece inmóvil, aunque una persona pase a pocos centímetros de distancia, así es la bebida para los que son adictos a ella, va carcomiendo sutilmente sin ninguna agresividad, todo aparenta estar en su lugar, desatándose una aparente sensación alegría y de placer, dicha sensación trae como consecuencia que se olviden los problemas, viviendo una falsa realidad, hasta que cae atrapado por la mordedura de la víbora, dejándolos indefensos a merced de su veneno.

El veneno

El veneno es lento y muy doloroso, coagula la sangre obstruyendo el fluir de la misma, destruye el tejido de los vasos sanguíneos y causa en sus presas hemorragia, ocasiona a su vez: Dolor de cabeza, vómitos y disminución de tensión, conducente al colapso respiratorio y circulatorio, llegando hasta la muerte. Muchos de estos síntomas persisten en los alcohólicos que tienen Cirrosis, o cáncer en el hígado ¡Existe tal atrofiamiento en su sistema sanguíneo, que provoca que su hígado sea vomitado en coágulos de sangre paralizando su sistema respiratorio, asfixiándoles y causando la muerte! Solo la sangre de Jesús, vertida en la Cruz del Calvario puede lograr que la sangre envenenada del adicto sea regenerada por el poder y la gracia de nuestro Señor, ésta es la clave redentora para cualquier tipo de co dependiente. Jesús dejo establecido: *El que come mi carne y bebe mi sangre, tiene vida eterna; y yo le resucitaré en el día postrero. Juan 6:54.*

La sangre de Jesús limpia hasta el vómito

Es evidente que la sangre redentora es señal de limpieza, de salvación y vida otorgada por la misericordia y la muerte vicaria de nuestro Señor Jesús. Así como el linaje de los que reciben el sacrificio de la sangre Jesús en la Cruz del Calvario, puede ser de bendición de generación en generación, puede ser la condenación de los borrachos y su descendencia eternamente, si no aceptan ese sacrificio de salvación y viven en ella, estos pueden morir ahogados por el vómito de su propia sangre envenenada, la cual se convierte en el medio por el cual el adicto perderá su vida, si no se arrepiente.

Rompamos con la maldición

Es lamentable notar que la mayoría de los hijos, nietos, bisnietos y tataranietos de adictos al alcohol o la droga, lo son también, repitiéndose en muchos de ellos la injusticia, la fornicación, el adulterio, las disfunciones en el área de la sexualidad, la mentira, siendo ladrones, idolatras, o estafadores; siempre en pleitos con su familia, vecinos u otras personas. Ese es el cumplimiento de esa maldición generacional, no quiero que piensen que esto tiene que pasarles a todas las personas que provienen de hogares con problemas de alcoholismo u otro tipo de adicción, pero lastimeramente es muy común que suceda.

Lo más terrible es que si no se arrepienten y tornan su mirada a Cristo Jesús, cancelando esa maldición generacional y permitiéndole realmente que rija sus vidas, perderán toda de esperanza de salvación vida eterna, su palabra establece: *"¿No sabéis que los injustos no heredarán el reino de Dios? No erréis; ni los fornicarios, ni los idólatras, ni los adúlteros, ni los afeminados, ni los que se echan con varones, ni los ladrones, ni los avaros, ni los borrachos, ni los maldicientes, ni los estafadores, heredarán el reino de Dios". I Cor 6:9-10*

Arrojemos la víbora ante que nos muerda

Recuerden que hay muchas serpientes arrastrándose y queriéndonos ver de la misma manera, arrastrados, buscando a personas vulnerables o sensibles que están lastimadas, para prendérseles hasta morderlos y quitarles la vida. Así le sucedió a Pablo cuando llego a la isla de Malta después del naufragio, la palabra lo indica de la siguiente manera: *"Entonces, habiendo recogido Pablo algunas ramas secas, las echó al fuego; y una víbora, huyendo del calor, se le prendió en la mano. Cuando los naturales vieron la víbora colgando de su mano, se decían unos a otros: Ciertamente este hombre es homicida, a quien, escapado del mar, la justicia no deja vivir. Pero él, sacudiendo la víbora en el fuego, ningún daño padeció" Hechos 28:3-5.* Pablo fue perseguido, vituperado, padeció tempestades, fuertes conflictos y hasta el naufragio, sin embargo, llegó a la isla de Malta, o lugar de refugio. Las víboras espirituales buscan gente débil para poseerla, debemos imitar el comportamiento de Pablo. No podemos permitir que la víbora se nos enrolle ni nos muerda, tenemos que arrojarla, en otras palabras, sacudir con fuerza, despojarnos inmediatamente de todo lo que puede hacernos daño.

Solo en Cristo Jesús podemos llegar a la isla de Malta, o al lugar de refugio, ese refugio no nos permitirá caer, la Biblia reseña: *"La víbora muerde el talón del caballo y hace caer hacia atrás al jinete"* Génesis 49:17b. No podemos seguir siendo hombres y mujeres caídos por las experiencias de nuestro pasado o por maldiciones de nuestros antepasados sin quebrantar, Pablo no acarició la víbora, ni le pregunto " ¿qué haces en mi brazo, será que no tienes otro lugar donde enrollarte para subsistir? "Muchas veces actuamos de esa manera, comenzamos una plática con el enemigo, cuando lo que tenemos que hacer es resistirlo y huirá. Somos expertos justificando todo para poder seguir viviendo sin aceptar que las experiencias vividas nos han marcado haciéndonos perder toda motivación y seguir viviendo en ese círculo vicioso. El único lugar seguro para que podamos vencer la co dependencia es en el refugio de Jesús. Su muerte no fue en vano, para los sobrevivientes de esta mordedura hay solución.

Sintetizando

Aunque no llegué a ser adicta al alcohol o las drogas, sí surgieron otras adhesiones emocionales que laceraron mi vida, si deseas saber cómo manejé y sané este calvario (además de lo presentado en este capítulo), o quieres evaluar si esta vivencia te marcó a ti o a alguno de los tuyos, los eejercicios de auto ayuda, al final del libro, será de suma ayuda para tú vida. De igual manera, continuar leyendo estas vivencias, aportara grandemente a las personas que experimentaron vivencias traumáticas aún sin resolver, no olviden orar por todas las personas que fueron y serán protagonistas de estas experiencias tan embriagantes.

Reflexión: Sé el protagonista de tu propia historia, renuncia y cancela esas formaciones maltrechas y apodérate de un nuevo enfoque sobrio de vida en Cristo Jesús.

Pastora Sonia

Capítulo 2

NIÑEZ MARCHITA

La niñez es una de las etapas más bellas del ser humano, mayor aún, cuando es fortalecida en todo el ser integral, espíritu, alma y cuerpo. El caudal de

> *Dejad a los niños venir a mí, y no se lo impidáis; porque de los tales es el reino de los cielos.*
> Mt. 19:14.

productividad puede llegar a ser de gran bendición cuando los dejamos ir desde la niñez a Jesús. Impedírselo implica una convivencia a tan temprana edad llena de odio, ira, malos tratos, abusos físicos, emocionales entre otros. En cambio dejarlos venir a Jesús implica, instrucción, gozo, paz, mansedumbre, bondad y mucho más.

Lamentablemente este no fue el escenario que viví en mi niñez. Aunque proseguí por el sendero inicial de mi vida, sumergida en una vida aparentemente normal, no sabía lo que me deparaba el futuro, mucho menos las consecuencias que las experiencias a punto de suceder iban a originar en mí. Sé que tenía aspiraciones y motivaciones, nunca podré olvidar mi fuerte anhelo por ser maestra y cantante cuando era niña, fue emocionante para mí inferir cuan definida estaba a tan temprana edad en torno a lo que quería ser. Recuerdo que mi primera alumna, además de mi madre, fueron mis estudiantes imaginarios, mi pizarra era el cilindro de gas de cocinar que había en mi casa, las sillas eran las latas de galletas que se terminaban y eran guardadas para recoger el agua, mi primer micrófono fue el palo de la escoba cuando limpiaba, fueron momentos muy significativos, tiempos de aparente normalidad. Aunque recuerdo haber sido un tanto insegura, temerosa y llena de ansiedad, tal parece que no fueron suficientes los tristes momentos vividos a tan temprana edad en mi hogar; lo que estaba a punto de suceder era humanamente difícil de describir.

Solo tenía seis años

Un fatídico día de verano, recuerdo que íbamos a buscar las cartas al correo (camino que era un tanto solitario), mi hermana y una amiga inseparable me acompañaban ese día, para mí desgracia, se acercó un vecino de nuestra comunidad hacia nosotros, ofreciendo un paseo a caballo, sin pensarlo dos veces yo quise ser la primera en aceptar tan apasionante proposición, no puso objeción en torno a la niña que aceptara su oferta, ya que en su mente solo estaba la diabólica idea de satisfacer su degenerada pasión, sin importarle a quien iba a lastimar (cabe señalar que este vecino provenía de un hogar muy parecido al que presentamos en el capítulo anterior). Ante mi apresurada respuesta de montarme en su caballo, ya que sería un sueño realizado, me sentía la niña más feliz del mundo, cumplido su cometido, se apresuró a montarme y llevarme a un lugar muy apartado e inhóspito, en dicho lugar desbordo sobre aquella niña indefensa de tan solo seis años toda su lujuriosa y malévola perversión, arrancando de raíz lo más preciado para una niña, su inocencia. La agresión fue tan devastadora que no supe si me desmayé o si preferí olvidarlo por lo terrible y doloroso que había sido.

Aquellas memorias de una niña abusada y silenciada, eran aterradoras para mí, no podía contarle a nadie mi terrible dolor ante la amenaza de aquel agresor, matarme a mí o a toda mi familia si hablaba, solo lo compartí con mi hermana y mi amiga cuando pude escapar del horrendo lugar donde me había dejado tirada y lastimada. Ellas también permanecieron en silencio ante mis suplicas de no decir nada para que no murieran ellas también. Esa fue otro de los traumas que tuve que afrontar eventualmente, más adelante te diré por qué.

La carga física y emocional que puso el agresor sobre mí, no solo por lo sucedido, sino por su amenaza de matarme a mí y a toda mi familia si divulgaba lo sucedido, las secuelas que deja un abuso sexual y las continuas agresiones sexuales que viven los niños y niñas cada día, son algunas de las razones que me han motivado a escribir mis vivencias en relación a este tema.

Para que no nos gane Satanás; pues no ignoramos sus maquinaciones. 2 Co. 2:11

Hallazgos impresionantes ¡Oriéntate!

Contrario a lo que muchas personas piensan, la mayor parte de los agresores sexuales son personas conocidos. En un estudio realizado por U.S.A, Finkerlhor declaró que entre el 75 y 80% de los casos de abuso sexual, el agresor es un conocido o un familiar. En un estudio más minuciosos a ese respecto, la Dra. Martin revela que el 42% de los abusos sexuales en América Latina son cometidos por los padres biológicos de las víctimas, el 14% por los padrastros, el 23% familiar y el 18% por extraños, siendo la población preferida menores que fluctúan entre los 4 a 6 años. Un gran porciento de los agresores encuestados presenta adicciones al alcohol o algún tipo de drogas.

Silencio eterno

Mientras callé, se envejecieron mis huesos en mi gemir todo el día. Salmos 32:3.

Establecer anteriormente que no debemos callar ante tal aberración tiene una razón de ser. La intimidación del agresor/a puede ser una estrategia psicológica para lograr su cometido y luego silenciar a la víctima, muy pocas veces las cumple, ya que si hay alguien que está preocupado es él o ella, por el temor de ser descubierto y tener que pagar por su delito, este principio lo conocí luego de 24 largos años. Mi hermana y mi amiga guardaron mi supuesto secreto, y no lo compartimos hasta que ya éramos adultas, después de conocer al Señor y entrar en un duro proceso de sanidad en mi caso. Con mi amiga hablé del tema alrededor de 40 años después, cuando entendí que debía afrontar lo sucedido y entre ello, lo que no recordaba, fue doloroso oír su declaración. Cuando me dijo: "estabas tan lastimada que no podías caminar, tú hermana y yo te tomamos, pusiste tus brazos en nuestros hombros y te ayudamos a caminar hasta tu casa" (hasta el día de hoy no recuerdo ese dato), me pregunto: ¿Dónde estaba la gente, mi familia? ¿Nadie vio a aquella niña lastimada que apenas podía caminar? Solo recuerdo haber llegado a mi cuarto encerrarme y llorar amargamente, todo había cambiado para mí, esta experiencia acabó con la ya maltrecha estima, ¿Y por qué no? Con la ilusión de vivir. Recuerda, no calles más, las cosas siempre se van a saber, es tiempo que rompas el silencio para que tus huesos no envejezcan en el desierto del dolor y la desesperanza, sino que sean sanados.

No hay nada oculto que no haya de ser manifiesto, ni secreto que no haya de ser conocido y salga a la luz. Lc 8:17.

Estragos en mi conducta

Era de esperarse, entendí posteriormente que mi silencio y falta de un tratamiento adecuado para intervenir mi agresión sexual provocaron un cambio drástico en mi conducta. Me torné agresiva, indisciplinada, ansiosa, temerosa, depresiva y poseedora de una ira irracional estresante, este doloroso comportamiento iba volcado también hacia los otros niños, ya que me preguntaba: ¿Por qué a mí y no a ellos? Mi cambio de ánimo y motivación fue tan marcado desde mi agresión sexual que, de ser una estudiante sobresaliente, me torné en una deficiente y rebelde, me sentía fea, rechazada, ninguna oportunidad parecía ser para mí. Lo triste del asunto era que nadie infería que algo me estaba pasando, resaltaban mi mal comportamiento, pero nadie se preguntaba el porqué de aquella conducta disfuncional.

Como enfrentar este monstruo

Esta es una de las interrogantes más persistentes que tienen los que han pasado por este amargo tormento, no es halagador para mí tocar este tema, y aún más, presentar que lo fue mi propia experiencia, pero es

Pastora Sonia

evidente que a través de estas décadas de ministerio he podido ayudar a muchas víctimas, tanto a niños jóvenes y a adultos a superar sus traumáticas secuelas que deja el abuso sexual, mi experiencia me permite ponerme en los zapatos que un día, sin querer me pusieron. Aquí se cumple la escritura cuando dice: "Y sabemos que a los que aman a Dios, todas las cosas les ayudan a bien, esto es, a los que conforme a su propósito son llamados". Rom. 8:28.

No podemos pensar que Dios quiere que pasemos por experiencias tan devastadoras con el fin de cumplir su propósito en nuestras vidas, o para que tengamos un ministerio poderoso, según la interpretación de algunos eruditos errados. Él quiere que las usemos como base para que busquemos el bien en todas las cosas, sean buenas o malas, o que caminemos por la vida agobiados y estancados por lo sucedido. Su voluntad es que seamos sensibles ante tantas vidas enfermas y promiscuas que van arrastrando la triste vivencia del abuso, siendo señalados por sus manierismos, preferencias sexuales, adulterios y fornicaciones. No quiero decir que Dios justifica ese comportamiento, pero comprende al abusado sexualmente, ya que sabe que su actitud tiene una razón de ser. Estudios de personas antes mencionadas y mi experiencia al intervenir con esta población en consejería, arrojan, que la gran mayoría de ellos sufrió una o varias experiencias de abuso sexual. Solo Jesús puede cambiar su lamento en baile. El objetivo no es ir arrastrando nuestras penas el resto de nuestra vida, ni crear lastima, sino restaurarlas y ayudar a otros que no saben cómo hacerlo. Debo señalar que, si en algo ha obrado para bien esta devastadora experiencia, es primeramente conocer el poder sanador de Jesús para las víctimas de abuso sexual, además poder ayudar a muchas víctimas a recuperarse del abuso a través de los años. Por otro lado, a no ser tan confiada y poder descifrar en las personas agresoras las manifestaciones típicas de la perversión que les caracteriza.

Por algo dice la palabra de Dios:"El hombre bueno, del buen tesoro de su corazón saca lo que es bueno; y el hombre malo, del mal tesoro saca lo que es malo; porque de la abundancia del corazón habla su boca." Lu. 6:45

Nadie está exento

El abuso sexual crea estragos en las personas que lo sufrieron, en muchos casos para toda la vida si no buscan ayuda. Nadie está exento de vivir esta experiencia demoledora, ninguna clase social, esta eximida de vivirlo, por eso es importante conocer más acerca de los que agreden a las víctimas. Las características que suelen presentar algunos delincuentes sexuales, según un estudio presentado por el Derecho Penal son las siguientes:

-Son personas con una edad mayor a los delincuentes comunes, de 30 años en adelante.

-Por regla general, suelen ser personas de escasos estudios académicos, aunque pueden darse excepciones.

Pastora Sonia

-Dos de cada tres de los delincuentes sexuales no suele tener una pareja que pueda ser considerada como estable.

-No padecen, ni tienen trastornos mentales.

-El instinto de la búsqueda del placer de estos delincuentes, normalmente está muy alterado.

-Estudios indican que muchos de ellos actúan porque de pequeños sufrieron algún tipo de abuso sexual.

Luego de la información dada, sería prudente entrar en el tema en detalles, sin olvidar que solo presento capsulas de cada tema, recomiendo seguir recolectando mayor información, si te favorece lo que lees en torno a la sanidad de este mal.

¿Qué es el abuso sexual a menores?

Algunas entidades encargadas de trabajar con dicha población, definen el abuso sexual como una situación en la cual un adulto o un adolescente, mayor que la víctima, tienen contacto físico no deseado con un menor para la estimulación y gratificación sexual (si es un familiar se clasifica como incesto). Cualquier clase de placer sexual con un menor por parte de un adulto, aprovechando su poder o autoridad, incitar al menor a tocar los genitales del adulto, la seducción verbal, solicitud indecente, muestra ruin de órganos sexuales, actos sexuales en presencia de un menor, también, masturbación, la pornografía y el sexo cibernético en presencia del menor, son considerados como abuso sexuales. Horrendo en verdad, pero es tiempo que el cuerpo ministerial en el mundo le dé el enfoque de prioridad que el tema requiere, dándole la debida orientación y apoyo que la víctima necesita. Son innumerables los afectados que llegan a nuestras iglesias, y no identificamos ni por deducción que tenemos frente de nuestros ojos una víctima de abuso sexual. Lo que presento a continuación puede ser de utilidad para arrojar luz tanto para los padres, familiares o maestros en las iglesias al momento de identificar y ayudar a una víctima de abuso sexual.

Posibles Indicadores en las víctimas de abuso sexual

*Conducta sumisa *irritabilidad*agresividad o impulsividad*Poco responsable o muy irresponsable *Actitudes de desprecio e inferioridad *No le gusta que lo visiten, o posible aislamiento*Comportamiento antisocial, conducta delictiva *Estar siempre a la defensiva*Comportamiento maduro para su edad *Presenta señales de actividad sexual al hablar o en sus gestos *Juego sexual inadecuado con amigos o consigo mismo* Actitud sexual detallada e inapropiada con niños más pequeños*Prefieren estar en la escuela más que el hogar* Muestran cariño por el que le brinda confianza *Incapacidad para hacer amigos*Falta de confianza mayormente con la familia*Falta de participación en actividades sociales *Dificultad para concentrarse y pobre ejecución escolar*Miedo a los varones, en el caso de que sea femenina la víctima *Comportamiento lento o seductor con varones*Deserción escolar*Mal dormir, pesadillas, miedo a la oscuridad, o dormir mucho*Depresión, ansiedad o sentimientos suicidas *Auto mutilación (se inflige cortes o quemaduras)*Puedeconvertirse en agresor *Hiper-vigilancia o exceso de vigilancia *Flashbacks (regreso a la escena traumática) *Bloqueo emocional* Estrés postraumático

El peligro de reactivarse

Todas o algunas de estas señales pueden reactivarse en la vida del adulto que fue abusado en la niñez, cuando no ha enfrentado las consecuencias del mismo. Es fundamental que las victimas sexuales sean apoyadas para que afronten y trabajen sus traumas. Señalarlo o criticarlo no es la solución, estas personas pueden presentar serios problemas conductuales en nuestras iglesias. La mayoría de las veces pretendemos resolverlo con una amonestación, en algunos casos es ayuno y oración, los cuales son fundamentales para todos, pero trabajar con persona agredidas sexualmente requiere mucho más. Aconsejo educar a nuestros hijos en torno a este tema, si no sabe cómo, busque ayuda adicional a la presentada en este libro, además, supervisión y cuidado para la víctima de abuso sexual, y para los niños o niñas que no han sido abusadas, pero que son amigos o familiares de niños abusados. Recuerden que un niño abusado puede querer explorar con otros niños las conductas inapropiadas aprendidas, por otro lado, no olvidemos la macabra existencia de miles de pedófilos

husmeando para saciar y destruir la vida de los niños
y niñas del mundo.

Datos mundiales espeluznantes

La Unicef (United Nations International Children's
Emergency Fund) calcula que alrededor de 18
millones de niños y niñas sufren la explotación
sexual en todo el mundo. Investigaciones en torno
a este tema, arrojan la estrecha relación que existe
entre el abuso sexual en los menores y la prostitución
infantil a nivel mundial. Por otro lado, estudios
realizados por la revista "Semillas para el cambio",
a fines de la década de los 90, informa que solo un
5% de las víctimas eran intervenidas para trabajar
con los estragos ocasionados por el abuso sexual. En
la actualidad no ha variado mucho la estadística, lo
fundamental o relevante de este asunto es que estos
comportamientos pueden permanecer toda la vida
en la victima si no son tratados adecuadamente. La
Dra. Martin en su libro: "Prostitución de menores",
señala, que de 400 prostitutas en Brasil, el 80% había
confesado haber sido víctima de incesto en la niñez,
es alarmante conocer que en este país hayan alrededor
de 500.000 prostitutas menores de edad, en Chile, La
Asociación de Religiosas Adoratrices asisten alrededor
de 250 niñas de 13 a 18 años, en muchos de estos
casos, sus propios padres las mandaban a prostituirse
por motivos económicos. En países como Filipinas,
la prostitución infantil comienza a la temprana edad
de 7 años, otro dato devastador, lo relata la escritora

Stanford en su libro "Satanás escondido", declarando como desde niñas son expuestas a la violación sexual y a la pornografía con el fin de ofrecer cultos satánicos, en muchos casos se ofrecían bebes, los cuales abusaban sexualmente y luego mataban vilmente. Estos son algunos ejemplos, pero este tema es más espeluznante de lo que se cree, tal vez puedes pensar que esta información es horripilante para un libro como este, pero si por medio de él puedo ayudar a tantos menores indefensos a sobrevivir de los estragos del abuso sexual, es mi deber divulgar esta información.

La biblia y la violación sexual

La palabra violación (chazak) significa: obligar, dominar, asir, conquistar o forzar. La violación no es un crimen nuevo en la historia de la humanidad, desgraciadamente la biblia también registra muchos casos aberrantes en extremo en torno al tema. Veamos cada uno con detenimiento y evaluemos como fue el incidente, las características del violador y, además, cuál fue el final de cada persona involucrada activamente. Es posible que te parezca un tanto aterrador lo que vas a leer, pero es una realidad y Dios está al tanto de los agresores sexuales, del dolor de sus víctimas y no tolera dicha acción.

Violación incestuosa de Lot (Génesis 19:30-37)

Un hecho vergonzoso al respecto lo encontramos en capítulo 19 de Génesis, Sodoma y Gomorra habían sido destruidos, este era el lugar donde vivía Lot, el sobrino de Abraham, con su familia. Lot y sus dos hijas huyen del lugar por temor a lo sucedido, y habitaron en una cueva, la hija mayor, propone a su hermana menor que duerman con su padre Lot. Aunque él era viejo, era el único hombre que había quedado luego de la destrucción de Sodoma y Gomorra, este fue el plan: *"Demos a beber vino a nuestro padre, durmamos con él, y conservaremos de él, descendencia".* La biblia relata que dieron a beber vino a su padre aquella noche, entró la mayor, y durmió con su padre; mas él no sintió cuándo se acostó ella, ni cuándo se levantó. O sea, una violación, además, incestuosa. Al día siguiente, sucedió lo mismo con la menor, y las dos hijas de Lot, concibieron de su padre.

Dio a luz la mayor un hijo, y llamó su nombre Moab, el cual es padre de los moabitas hasta hoy, la menor también dio a luz un hijo, y llamó su nombre Ben-ammi, el cual es padre de los amonitas hasta hoy.

Jehová, tardo para la ira y grande en misericordia, que perdona la iniquidad y la rebelión, aunque de ningún modo tendrá por inocente al culpable. Números 14:18

A recoger lo que sembramos

Porque siembran viento, y recogerán tempestades. Os. 8:7ª.

El nombre Moab, parece ser una combinación de mô - min de- âb ("padre"), con lo que se hace referencia al hecho de que el antepasado de la tribu, nació de un incesto, las repercusiones de este acto

Pastora Sonia

tuvieron grandes consecuencias, aunque Moab se convirtió en una fuerte nación, su conducta dejaba mucho que desear. Las consecuencias de la maldad y desobediencia a Dios, son en extremo evidentes, llegando a ser acérrimos enemigos de Israel hasta hoy. Los asediaban con guerras y maldiciones, oprimieron al pueblo de Israel durante 18 años, los sedujeron a participar de la licencia sexual y la idolatría, además de ser politeístas. Su Dios Quemós, al cual le sacrificaban seres humanos, y Astarté era una diosa la cual representaba el culto a la madre naturaleza, a la vida y a la fertilidad, así como la exaltación del amor y los placeres carnales. Con el tiempo, se tornó también en diosa de la guerra y recibió cultos sanguinarios de sus devotos, se le solía representar desnuda o apenas cubierta con un fino cinturón, de pie, sobre un león. Israel recibió la orden de mantenerse apartados de ellos. La historia de los amonitas era muy similar a la de los moabitas, es evidente que una relación así no es bendecida por Dios, ya que podemos inferir que la conducta de ambos hijos que nacieron de la relación incestuosa y la nación que ambos crearon estaba totalmente distante del enfoque que la palabra que Dios establece.

Breve análisis del caso

El incidente se dio ante una situación de turbación por la crisis existente en Sodoma y Gomorra, la cual había sido profetizada de antemano, la solución del problema fue una decisión meramente carnal, no hubo búsqueda, y menos aprobación de parte de Dios en torno a la idea de dormir con su padre, analicemos el acuerdo al que llegaron las violadoras. Recurrieron al alcohol para lograr su cometido (una vez más se asocian las agresiones sexuales con el alcohol), por último ¿Cuál fue el final de cada persona involucrada activamente en el acto de violación sexual que registra la biblia? Una generación malvada, promiscua, viciosa, idolatra y lejos de Dios. Tal vez al leer este análisis, quieras hacer una exégesis bíblica explicando tal acción desde un enfoque histórico-social o espiritual, bien puedes, lo que no quiero es que pierdas de perspectiva el estado de aberración emocional, carnal y espiritual de un agresor sexual, es el mismo sin importar en el foro que se presente, sigue siendo espeluznante, el final, obvio, sembraste viento y recogerás tempestad.

La violación de la mujer en Gabaa (Jueces 19)

Unos hombres de Gabaa, ciudad que está ubicada en el territorio de Benjamín, sector de donde provenían los nietos de Lot, llegaron a la casa de un anciano, ellos sabían que tenían visita de otras tierras y querían entrar para abusar de ellos, lo peor es que inicialmente dijeron: "Saca al hombre que tienes de visita, queremos acostarnos con él". El deseo de descargar la lujuria y el desenfreno que encierra el abuso sexual era tal, que no les importaba si era con un hombre o con una mujer (la respuesta del anciano y la acción del hombre que estaba hospedado en la casa del anciano léela en Jueces 19; 25).

Lo que quiero resaltar es, que un grupo de los hombres que llegaron a aquella casa, violaron a la una mujer que estaba de albergada allí, abusaron de ella toda la noche y mañana hasta que murió, ¿Cuál fue la razón? Simple, eran hombres perversos según registra la biblia, fue algo indignante, las consecuencias fueron previsibles. Dicha acción provocó que el pueblo accionara de manera agresiva. Pelearon contra la tribu de Benjamín, cayeron veinticinco mil hombres que sacaban espada, todos ellos hombres de guerra, otros huyeron escondiéndose por cuatro meses, además, incendiaban a todas las ciudades que hallaban. Hoy en día no se puede tomar la justicia personalmente, pero existen leyes que protegen a la persona violada. Violación de Tamar, hija de David (2 Samuel 13:11-16)

Se vuelve a repetir otro acto de violación incestuoso.

Habíamos resaltado en las estadísticas iniciales, que el porciento mayor de agresores sexuales se encuentra en familiares, parece que en los tiempos bíblicos, no era la excepción. El hijo de David, Amnón, estaba obsesionado por la belleza de su hermana. A tal grado que estaba angustiado hasta enflaquecer y enfermarse por el delirio de tener relaciones sexuales con Tama su hermana. Amnón, pensaba que por ser ella virgen, le sería difícil violarla, valiéndose del engaño y la lujuria, consintió, aconsejado por un amigo(tan violador como él), en hacerse el enfermo para que ella fuera a su cuarto y le diera alimentos.

Analicemos el descaro de un violador cuando quiere alcanzar su presa. *El rey David, su padre, al visitarle, le dijo: "Yo te ruego que venga mi hermana Tamar y haga delante de mí dos hojuelas, para que coma yo de su mano", y David envió a Tamar a su casa, diciendo: "Ve ahora a casa de Amnón tu hermano, y hazle de comer". Ella obedeció a su padre, cuando Tamar le llevó la comida le dijo: "Ven, hermana mía, acuéstate conmigo", ella entonces le respondió: "No, hermano mío, no me hagas violencia; porque no se debe hacer así en Israel. No hagas tal vileza. Porque ¿adónde iría yo con mi deshonra? Y aun tú serías estimado como uno de los perversos en Israel".* Una vez más vemos que Dios aborrece tal acción, pero una mente retorcida y contumaz, hace lo indecible para lograr su cometido. "Más él no la quiso oír, sino que pudiendo más que ella, la forzó, y se acostó con ella, la gota que rebosó la copa fue que luego de la agresión sexual, la aborreció con tan gran repulsión, que el odio con que la abominó fue más grande que el amor con que la había amado". Aquí el escritor debió plasmar con la pasión satánica con la que él, la había deseado, naturalmente, eso no era amor, era lujuria diabólica, perversa y enfermiza de una mente desenfrenada que no tenía la capacidad de pensar en otra cosa que no fuera en lo que se había propuesto en su malvado corazón, abusar de su hermana. Cerró Amnón con broche de oro su obra maléfica, le dijo: "Levántate y vete", ella le respondió: "No hay razón; mayor mal es este de arrojarme, que el que me has hecho. Mas él no la quiso oír, sino que llamando a su criado que le servía, le dijo: Échame a ésta fuera de aquí, y cierra tras ella la puerta". Humillante en verdad. Algo admiro de esta historia y de Tamar, ella no fue silenciada, como lo estipulaban las costumbres en esos casos, ella denuncio a su agresor, entonces Tamar tomó ceniza y la esparció sobre su cabeza, y rasgó la ropa de colores de que estaba vestida, y puesta su mano sobre su cabeza, se fue gritando.

El precio de la honra de Tamar

Absalón, su hermano, supo lo que había pasado de inmediato al ver y oír la reacción de Tamar, el rey David oyó todo esto y se enojó mucho, más Absalón no habló con Amnón. Aunque Absalón aborrecía a Amnón porque había abusado de Tamar, fue paciente hasta el día que pudo tomar la justicia por sus manos. Pasaron dos años para cumplir su venganza, planificó Absalón con paciencia una emboscada en acuerdo con sus criados y todos los hijos del rey, cuando él diera la orden, matarían a Amnón bajo su responsabilidad. David se molestó por la acción de su hijo Amnón hacia Tamar, pero no hizo nada y Amnón seguía el curso de su vida. Absalón huyo de su casa después de planificar la muerte de su hermano y la destrucción

familiar fue evidente. Ciertamente no deja de ser una historia triste, la cual se repite día tras día, de generación en generación. Es innegable la terrible realidad del abuso sexual presentada en la biblia, independientemente cual fuera la razón, la maldad y la falta de respeto hacia la humanidad han existido siempre. Estas historias, aunque en diferentes escenarios, tienen varias similitudes, la violación sexual, la realidad del incesto, la carga emocional que queda en la victima y en la familia, la secuela de daños físicos, emocionales y espirituales que genera, en muchos casos para siempre. No podemos decir que los tiempos pasados eran mejores, siempre han existido personas perversas y sin escrúpulos, carentes de todo raciocinio ante el mal y los tiempos bíblicos no fueron la excepción. Por algo expuso el predicador: *Nunca te preguntes por qué todo tiempo pasado fue mejor, pues ésa no es una pregunta inteligente. Eclesiastés 7:1.*
Sus niños serán estrellados delante de ellos; sus casas serán saqueadas, y violadas sus mujeres. Isaías 13:16
Violaron a las mujeres en Sion, A las vírgenes en las ciudades de Judá. Lamentaciones 5:11.

Esta valiosa aportación debe ser cuidadosamente atesorada y examinada, tanto por los familiares, como por los maestros o cualquier otro tipo de personal que interactúa con el menor o víctima sobreviviente. Algunos de nosotros podríamos ser los héroes o las heroínas de estos menores. Es pertinente denunciar estos aberrantes y devastadores abusos, con el fin de ayudar a las víctimas a tener la calidad de vida que se merecen. Jesús demostró tener un fuerte apego y amor hacia los niños, porque ellos merecen ser valorados y amados.

Jesús y la niñez

La biblia es muy enfática, no solo sobre la importancia que tienen para el Señor los niños, sino del valor de cuidarlos supervisarlos y amarlos. El deseo de Jesús era y es, que los niños y las niñas fueran tratados como cualquier ser humano, incluyendo el no ser maltratado. Es importante resaltar que muchas culturas a través de los años han mostrado poca tolerancia con los niños, esto se refleja en el trato hacia ellos, numerosas atrocidades fueron registradas en algunos escritos través de la historia y en la misma palabra de Dios, algunos fueron muertos agresivamente o en sacrificio para los dioses paganos. Un ejemplo de poca tolerancia lo vemos con los discípulos de Jesús, cuando les impedían el paso para que se acercaran al maestro con el fin de que oraran por ellos, dice la palabra que les reprendieron, en otras palabras, no los trataron con ternura, respeto ni amabilidad.

Entonces le fueron presentados unos niños, para que pusiese las manos sobre ellos, y orase; y los discípulos les reprendieron. Mt.19:13

Eventualidades que lastiman

Hay ocasiones en que voy de compras y veo escenas

de hijos que se quieren acercar a sus padres en busca de algo, posiblemente un juguete o un dulce, como los niños que se querían acercar a Jesús, y es dolorosa la reacción de algunos padres y madres. Muchos son tratados con dureza, los humillan y hasta los golpean, es indignante escuchar y ver el maltrato que reciben muchos niños cuando quieren algo, lo triste es que en muchos de los casos observados, son hombres y mujeres cristianos amargados, que vuelcan su ira y frustración no resuelta contra ellos. Estos, así como los discípulos, amaban a Jesús, y le sirven, pero no trataban bien a los niños.

Hay mucha religiosidad y poca eficacia en torno a lo que establece Jesús en su palabra, pocos quieren entender, que más que ser religiosos o cristianos, debemos conocer al Dios que restaura y capacita a las personas en todas las áreas de su vida, espíritu, alma y cuerpo, para que, entre otras cosas, se conduzcan con amor hacia nuestros niños. Es muy triste ver las caritas de impotencia y dolor ante tales agresiones, un niño maltratado por los suyos y por cualquier otra persona, es una presa fácil y vulnerable para desarrollar cualquier emoción malsana y para los agresores sexuales. Jesús no tolero esta conducta, inmediatamente reaccionó y pidió que los trajeran a Él.

Dejad a los niños venir a mí, y no se lo impidáis; porque de los tales es el reino de los cielos. Mt. 19:14

Similitud entre el reino de los cielos y los niños

Jesús dejó establecido en este pasaje que los niños son una hermosa bendición, declaró que los que son como niños, heredaran el reino de los cielos. El reino de los cielos trata de la esfera en la que Dios reina, en la que su voluntad es respetada y cumplida, o sea, un lugar donde es un placer estar, en el cual solo llegaran a habitar personas con las cualidades transparentes y limpias como las que poseen los niños. Para que ese evento sea una realidad tiene que existir entre las personas que anhelen ese reino, un verdadero convencimiento y una inalterable fidelidad hacia Dios, tienen que ser hombres y mujeres llenos en su totalidad del fruto del Espíritu, cualidades que podemos apreciar en un niño que es amado, valorado, respetado e instruido en los caminos del Señor. Estos evidencian los frutos que son requisitos inminentes para obtener la gracia del reino de los cielos.

Mas el fruto del Espíritu es amor, gozo, paz, paciencia, benignidad, bondad, fe, mansedumbre, templanza; contra tales cosas no hay ley. Gá. 5:22-23.

Estas manifestaciones las podemos ver en niños amados, protegidos y cuidados, los cuales Jesús, comparó con el reino de los cielos. No poseedores de caracteres y conductas como la de muchos hombres y mujeres en los últimos días, los cuales, laceran la vida de un niño indefenso. Pero debes saber esto: que en los últimos días vendrán tiempos difíciles. *Porque los hombres serán amadores de sí mismos, avaros,*

*jactanciosos, soberbios, blasfemos, desobedientes a los
padres, ingratos, irreverentes, sin amor, implacables,
calumniadores, desenfrenados, salvajes, aborrecedores de
lo bueno, traidores, impetuosos, envanecidos, amadores
de los placeres en vez de amadores de Dios; teniendo
apariencia de piedad, pero habiendo negado su poder; a
estos evita.2 Tim. 3:3-5*

*¿No sabéis que los injustos no heredarán el reino de
Dios? No erréis; ni los fornicarios, ni los idólatras, ni
los adúlteros, ni los afeminados, ni los que se echan con
varones, ni los ladrones, ni los avaros, ni los borrachos, ni
los maldicientes, ni los estafadores, heredarán el reino de
Dios. I. Co. 6:9-10*

Recompensas de una buena crianza

Todo tiene su tiempo. Una buena crianza llena
de amor y cuidados va a hacer la diferencia. Es
incuestionable lo que establece la palabra en torno
a ellos, si son bien cuidados y amados, van a ser
personas llenas de fortaleza, por lo tanto, va a ser
más difícil engañarlos o lastimarlos. Si en su boca
hay fruto de alabanza van a poder contrarrestar
con más precisión, las malas palabras y acciones,
van a ser individuos llenos de un vocabulario muy
nutrido y esperanzador. Esto les permitirá ser más
sabios, como también poder identificar y adoptar las
obras del espíritu y rechazar las obras de la carne.
Así se cumplirá en tú descendencia la palabra dicha
por Jesús: "de los tales será el reino de los cielos".

Pastora Sonia

Lamentablemente, no fue así en el caso de Eugenia, una joven mujer la cual intervine en algún momento en la vida, ella representa un vivo ejemplo de agresión sexual en la niñez y sus consecuencias.

Caso de Eugenia

Conocí a Eugenia en una actividad para ayudar a personas con diferentes problemas psicológicos y adictivos, ella trabajaba como directora del programa que representaba. Comencé a conocer de inmediato parte de su vida, me llamó un poco la atención el hecho de no querer visitar su tierra natal, además mostraba marcadas señales de ansiedad, pobre autoestima y una apariencia física deteriorada. Por otro lado, su negación a enfrentar lugares y personas significativas, eran señales dignas de evaluar, entendí que algo devastador había vivido para que se condujera de esa manera, la invite a venir a mi casa por algunas semanas, al intervenirla pude identificar el porqué de su actitud. Eugenia había sido brutalmente abusada sexualmente por su hermano cuando ella era apenas una niña. Recuerdo que al confrontarse con aquella dolorosa realidad, su reacción ante el dolor que había bloqueado fue tan aterradora, que casi pierde el conocimiento en la intervención. Comencé a trabajar más a fondo con ella, identificamos todo el daño que había ocasionado esa experiencia incestuosa y cada uno de los síntomas con mucho empeño, fue un proceso difícil para ella, pero entendió que con la ayuda de Jesús todo es posible.

Cuando se confronta y trabaja nuestro valle de sombra de muerte, tratamos y llevamos cautivos a la presencia de Jesús todas las sintomatologías de ansiedad, autoestima pobre, depresión, ira, contiendas, etc. Recibió terapia bíblica bajo el enfoque: "Se imitador de Jesús y no de las secuelas del abuso sexual", el cambio fue notable luego de haber soltado aquella dolorosa carga y depositarla en el que declara que "Su yugo es fácil y ligera Su carga". Eugenia visito su pueblo de origen luego de 30 años, fraternizó con su familia, enfrentó y perdonó a su hermano, llegó a ser pastora y trabajó ayudando a víctimas de abuso sexual y otros traumas por muchos años. Lamentablemente Eugenia murió luego de una enfermedad que no pudo tratar a tiempo. Eugenia no había enfrentado las secuelas de su abuso sexual, como tantas víctimas que todavía no han podido cruzar su Jordán en seco, son miles las personas que no las enfrentan, pensando que el tiempo cura las heridas, o por no tener las herramientas para lidiar con sus estragos. Las heridas solo las cura Jesús, si no las trabajamos, arrastraremos nuestro problema hasta la tumba.

Un dato digno de resaltar, es que muchas de las personas de las que he tratado en casi 30 años de ministerio a este respecto, tienen un llamado ministerial poderoso de parte del Señor Jesús, pero las experiencias vividas, los han paralizado por completo, en cambio, cuando sanaron su vivencia, han sido hombres y mujeres muy diestras y dispuestas, para la obra de Dios y su vida en general.

Reflexión: Arebatar la inocencia de una criatura ingenua y desvalida, no solo destruye su infancia, la lesiona de por vida.

Pastora Sonia.

Capítulo 3

ENFRENTANDO A MIS BURLADORES {BULLYING}

Continuando con mis crónicas de vida, quiero resaltar que seguir viviendo con todo aquel cúmulo de emociones maltrechas y mi temeroso silencio, no

> *El hijo sabio recibe el consejo del padre; Mas el burlador no escucha las reprensiones.*
> *Proverbios 13:1*

eran nada halagador, pero tenía que seguir viviendo, ya estaba próxima a cursar mi tercer grado, había una expectativa de cambio y aparente alegría. Iría a una nueva escuela y conocería nuevos amigos, olvidaría toda mi dolorosa experiencia, intentaría proseguir mi vida luego de mis dolorosas vivencias, tomé la firme decisión de no hablar nunca de ella.

Comienzo de mi calvario

Desgraciadamente no fue así, es aquí donde comenzó mi verdadero calvario, al llegar a la nueva escuela donde estudiaría por los próximos años, me encontré con una espantosa sorpresa. Otras personas(que no eran mi hermana y mi amiga) conocían lo que me había sucedido aquel trágico verano, el terrible incidente que yo creía borrado, fue revivido brutalmente por unas niñas que vivían cerca del lugar de los hechos, ellas sacaron provecho de mi dolor, arruinando aún más mi vida, sus continuas burlas y frases hirientes en relación a lo que me había sucedido, me martillaban cada día durante muchos años, cada vez que me veían se burlaban de mí, se reían y gritaban gemidos de dolor, como los que tal vez yo emití al salir de aquel paraje siniestro, pero no lo recuerdo.

La burla y sus hirientes carcajadas acabaron por extinguir la poca valía y estima que me quedaba, no quería que llegara un nuevo día, mi ansiedad era cada vez más intensa por todo lo que sufría en silencio, no tenía a quien contárselo, había silenciado tanto a mi amiga y a mi hermana, para que ninguna se atrevía tocar el tema. Aunque sabían que estaba sufriendo, ningún personal de la escuela se había dado cuenta de lo que pasaba, solo me reprochaban por mi conducta y mi desinterés por los estudios, nadie infirió que estas reacciones debían tener alguna razón de ser, ni tampoco reprendían a mis burladores. Me creaba desesperación el tener que explicar porque me molestaban, además, sí lo hacía, sabía que me iban a matar a mí y a mi familia, según el agresor. Comencé a odiar mi vida y todo lo que había a mi alrededor, sufrí en carne propia, lo que luego de ser una profesional de la salud, supe que había sido víctima, no solo de la convivencia en hogar disfuncional o de abuso sexual, ahora también acoso escolar o Bullying. Desde entonces he sido una defensora acérrima de las personas que son acosadas mediante la burla, ya que es un tema más terrible de lo que nos imaginamos.

Paréntesis

Esta dolorosa burla al ser integral es tan devastadora, que en algunos casos ha llegado a causar la muerte. Como maestra, consejera escolar y pastora, he tenido que orientar en muchas ocasiones a los hermanos de la fe y estudiantes, en relación al acoso escolar {Bullying} y lo que esto representa en la estima de la víctima acosada a corto o largo plazo, cuando doy mis talleres, lo hago con mucha precisión y empeño, porque sé lo que sufre una persona acosada. Debido a los efectos devastadores que desencadena la burla, consideré pertinente brindar un espacio a este tema en mis vivencias, entendiendo que esta información va a ser de mucho provecho para cada lector/a.

¿Que es el acoso escolar? {Bullying} El término bullying es inglés "bully" y significa literalmente abusón. Se trata de una persona (posiblemente un compañero de escuela más fuerte, tanto física como psicológicamente) que atropella a otros más débiles y pequeños. Lo describen como acoso escolar, porque se da principalmente en escuelas y colegios. Esta agresión se manifiesta con mayor intensidad en los grados de cuarto a octavo, grados en los que se encontraban mis agresoras.

Dos clasificaciones acoso directo e indirecto

El acoso escolar se clasifica en dos clases: Acoso directo e indirecto. El acoso directo es la forma más común entre los niños, se manifiesta en peleas y agresiones físicas. El acoso indirecto suele ser más común entre las niñas, aunque también se da en los niños, por lo general se manifiesta a partir de la pre-adolescencia. El acoso indirecto se caracteriza por la exclusión de la victima de cualquier actividad, tanto educativa, artística, como recreativa. Este aislamiento se obtiene mediante técnicas variadas que incluyen: difundir rumores, rechazar el contacto social con la víctima, amenazar a los amigos para que no confraternicen con él o ella, mediante críticas de la persona aludiendo a sus capacidades, rasgos físicos, grupo social, forma de vestir, religión, raza, discapacidad, experiencias vividas dentro y fuera del ámbito escolar.

Maltratos más comunes

- *Acosos Verbales:* Los mismos se manifiestan con insultos, apodos, hablar mal de alguien o emitiendo rumores.

- **Acoso Psicológico:** Puede ocasionar problemas emocionales. El acoso psicológico es un conjunto de conductas abusivas en forma de actos, palabras, escritos o gestos que vulneran la identidad, la dignidad o la integridad física y/o psicológica de una persona.

- **Acoso Físico:** peleas, palizas, pequeños hurtos o acciones insignificantes, pero que ejercen presión sobre el individuo al hacerse de forma repetida.

- **Aislamiento social:** Se margina al agredido, se ignora su presencia, evitando todo contando con la persona afectada, en las actividades normales entre amigos o compañeros de clase (esta realidad empeora cuando estos menores cuentan con una discapacidad física o mental.)

Analogía entre el acosador y la delincuencia

Un dato relevante encontrado al estudiar este fenómeno, es la correlación existente entre los delincuentes (los cuales se encuentran en las cárceles y fuera de ellas) y el haber practicado una conducta acosadora en su niñez o en su adolescencia, no quiere decir que todos van a ser delincuentes, pero de no corregirse esa conducta disfuncional, no se le augura una estadía feliz en este bello planeta. Puedo constatar esta premisa, ya que luego de los años he podido descubrir que muchos de aquellos niños/as indisciplinados, burladores e impulsivos, con los que trabaje en las escuelas de mi país, de adultos han cometido diversas fechorías, incluyendo muertes.

Otro punto importante para resaltar, es el hecho de que las víctimas de acoso escolar {Bullying}, se pueden convertir en acosadores, al no poder lidiar con su propia vivencia, como dice el viejo refrán "Si no puedes con el enemigo únete a él". Si los demás compañeros aceptan y participan de esta conducta acosadora, se constituyen en acosadores y pueden ser sancionados por las autoridades escolares u otras entidades. Es importante que los padres, madres o tutores sepan, que si su hijo/a o algún otro familiar, declara que es víctimas de acoso, deben tener su apoyo de inmediato.

Acción de los padres o tutores ante acoso escolar {Bullying}

Muchos padres dicen: "No hagas caso al que te molesta", si fuera algo que se dio por accidente o una o dos veces, tal vez se puede dejar pasar, pero una agresión constante, que desarma al agredido a tal grado que le deja impotente para funcionar física y emocionalmente, debe ser intervenida con prioridad. Los padres deben estar muy atentos a las reacciones y cambios de conducta que presentan los hijos/as en casa y en la escuela. La supervisión, comunicación y la acción son fundamentales, ya que son la mejor manera de prevenir o eliminar el acoso escolar.

Señales de alarma

Cuando estas señales se hacen evidentes en algún miembro de la familia, debe ser intervenido con prontitud y con la pericia requerida.

Impotencia, rabia, frustración, retraimiento, venganza, bajo rendimiento académico, no quieren asistir a la escuela, entre otros, por lo general, el menor no va a declarar a sus padres, ni a sus profesores, el acoso del cual está siendo víctima, a no ser que se le pregunte directamente, por otro lado, es muy posible que esté siendo amenazado, por tal razón no va a hablar.

Referir el caso de acoso

Si la conducta continúa, el padre o el tutor debe denunciar el acoso a las autoridades escolares pertinentes, deben ser específicos al declarar que quieren hacer una querella por acoso escolar a favor de su hijo/a, de esta manera, se puede hacer consciente al menor atormentado, de que no está solo en su problema y que prontamente se hallará una solución a tan estresante situación. Conocer las características que posee un agresor, es de suma ayuda, tanto para los padres, como para los hijos al momento de denunciar un caso de acoso escolar o Bullyng, estar al tanto de esta información puede ayudar a abrir una comunicación efectiva entre padres, tutores y los hijos afectados, en torno al perfil del agresor y las consecuencias de esta conducta inapropiada, el propósito no es solo identificarlo, sino poder evadir cualquier contacto con él o ella, si la situación se torna peligrosa mientras es solucionada. A continuación, les presento algunas tipologías existentes en los acosadores escolares, aunque siempre existen excepciones.

Tipologías del agresor

- ***Aspecto físico:*** En el área física, por lo general, es mayor en edad que su víctima, aunque en algunos casos puede ser la misma edad y no importa, ya que tienen la tendencia de actuar en grupo, en la mayoría de los casos, el agresor es un varón y suele tener un aspecto físico fuerte que atemoriza.

- ***Aspecto educativo:*** La actitud general en torno al aspecto educativo es negativa, el aprovechamiento escolar suele ser deficiente.

- ***Aspecto de temperamental:*** Tienden a ser estudiantes muy ansiosos, agresivos y provocadores, no siguen las reglas de la escuela y tienen poco autocontrol, pueden ser crueles, impulsivos e inestables emocionalmente, también buscan víctimas fáciles de manipular, estos pueden ser alumnos que son aislados socialmente, física o psicológicamente débiles, su actitud les hace ser famosos y tienen seguidores, posiblemente porque quieran imitar su conducta, ya que además, demuestran una aparente autoestima alta o porque tienen temor de él o ella.

Otro rasgo que describe al acosador, es que le gusta intimidar al estudiante que no se defiende ante el acoso, más bien, se rinde ante sus presiones, humillándolo o extorsionándolo por dinero o alguna otra pertenencia. Esta penosa y cruel acción va acompañada de una fuerte altivez o engreimiento que desarrollan, al saber que tienen el control y que pueden dominar al acosado simplemente con mirarlo.

Contexto familiar del acosador

El agresor o burlador por lo general es independiente, los padres tienen escaso o ningún control sobre ellos, sus hogares pueden ser conflictivos, a menos que su agresividad sea señal de alguna agresión infringida y los padres no lo sepan, pueden ser hijos de escaso afecto o de modelos de conducta violentos.

Aspecto en torno a los amigos

Son aceptados por sus compañeros, ya que, aunque pueden mostrarse agresivos, son reconocidos por su posición de líder, por supuesto errado, ante el manejo en su desempeño en general. Esta actitud puede darse no solo en el lugar de estudio, puede trascender hasta las redes cibernéticas acrecentando aún más el conflicto existente.

Qué es el Bullying cibernético

El acoso escolar cibernético consiste en utilizar la tecnología (el internet en este caso) para acosar, amenazar, avergonzar, intimidar o criticar a otra persona, se puede dar entre niños y/o adolescentes. Es un delito que puede tener consecuencias legales e implicar condenas de cárcel (si hay adultos involucrados) dependiendo cada caso. Este acoso cibernético se manifiesta claramente en los mensajes de texto, enviados a través de las redes sociales, estos pueden ser mensajes violentos, crueles o claramente malintencionados, usurpar a alguien a través de Internet o poner información personal, fotos o vídeos, para avergonzar o herir a otras personas no es legal, crear cuentas, páginas web, o nombres de usuario falsos con la única intención de acosar y acechar a supuestas víctimas, es otra forma de acoso cibernético.

Hallazgos

Una encuesta realizada en Estados Unidos, en el año 2006 por la organización "Lucha contra el delito: invierta en los niños", reveló que uno de cada tres adolescentes y uno de cada seis pre-adolescentes, habían sido víctimas del acoso escolar cibernético. Conforme más y más niños vayan accediendo a los ordenadores y los teléfonos móviles, lo más probable es que la incidencia del acoso cibernético escolar se incremente. Como educadora y consejera escolar, sería irresponsable de mi parte si no comparto esta información que es tan relevante al tratar este tema. En algunos países se han registrado suicidios por parte de las víctimas, al carecer de ayuda o herramientas para lidiar con este gigante llamado Bullying, acoso escolar o cibernético.

Labor de los Centros Educativos y Legales en torno al Bullying

¿Qué debemos esperar de los Centros Educativo donde están estudiando nuestros hijos ante este alarmante tema? Presento a continuación algunas normas establecidas por algunos países para lidiar con el tema. Te aconsejo que indagues sobre los adelantos que se han establecido en tú lugar de procedencia a este respecto, con el fin de que estés orientado si necesitaras ayuda. Estas normas posiblemente no estén establecidas en todo el mundo, pero sí en Estados Unidos, espero que otros países las tomen en cuenta.

- Todo el personal escolar debe liderar la lucha contra el acoso escolar, ayudados por los padres y la comunidad escolar.

- Una vez detectado el problema, se deben tomar medidas académicas, ya sean sanciones, expulsiones y reuniones con los alumnos y el padre (en algunos casos bastará con este tipo de acción para detener el acoso).

- El centro educativo debe informar al centro de protección de menores y adoptar las medidas oportunas para detener los abusos y defender a la víctima si continúa el acoso.

- Durante las horas lectivas es responsabilidad del centro escolar evitar cualquier daño al menor.

- Si el acosador es mayor de 14 años, se iniciará un expediente en el ámbito del proceso penal juvenil.

- Cualquier persona tiene la obligación de comunicar a la autoridad las situaciones de riesgo que puedan afectar a un menor, además de estar obligados a prestarles el auxilio necesario.

- El acoso escolar atenta contra el Artículo 173.1 del Código Penal, que castiga al que infrinja a otra persona un trato degradante, menoscabando gravemente su integridad moral. Los casos más graves de bullying pueden atentar también contra el Artículo 143.1, que castiga la inducción al suicidio de otra persona, según estos artículos, la jurisdicción de menores actuará según los siguientes ejes:

- Protección a la víctima con cese inmediato del acoso: Pueden tomarse medidas cautelares, como el internamiento del acosador.

- Respuesta educativa sancionadora al agresor: Se pueden tomar medidas de libertad vigilada para el agresor, órdenes de alejamiento, si el caso no es muy grave, el acosador puede intentar una conciliación a través de la disculpa con la víctima, el compromiso de reparación o asumiendo una actividad educativa, entre otros.

Los burladores son más viejos que Matusalén

Los burladores siempre han existido, son más viejos que Matusalén, a nadie les agradan, ni siquiera a Dios. Creo que todos en alguna ocasión nos hemos tropezado con uno/a. En los tiempos bíblicos no había escuelas como las nuestras, ni internet, pero si muchos burladores. No sé si a ti, amigo lector/a, te ha dado curiosidad por conocer que opina Dios acerca de ellos, a mí si me dieron deseos de indagar en torno a este flagelo que deteriora tanto a la sociedad, como indigna y decepciona las estipulaciones bíblicas establecidas por nuestro Dios. Quiero compartir contigo lo que encontré.

Enfoque bíblico en relación acoso y la burla

Para Dios, el tema de la burla es más importante de lo que nosotros nos imaginamos, la biblia registra más de sesenta y cinco versículos alusivos a la burla, sin obviar más de cien en las que aparece el concepto escarnecedor y sus derivados, los cuales son equivalentes de la burla. Analicemos algunos conceptos que presenta la biblia en relación al escarnio o burla que sufrió Jesús en su estadía en la tierra, y compararlo con lo presentado este capítulo.

Analogía del escarnio de Jesús y el Bullying

Empaizo es una forma compuesta de paizo refiriéndose a un niño, o sea, jugar como niño, mofarse, Jesús la utilizo para describir sus inminentes sufrimientos, uno que solo vino a dar salvación y vida eterna a la humanidad, pagó el precio de inicuos, escarnecedores y burladores con su vida.

Y el pueblo estaba mirando; y aun los gobernantes se burlaban de él, diciendo: A otros salvó; sálvese a sí mismo, si éste es el Cristo, el escogido de Dios. Lc. 23:35

No podemos olvidar su célebre expresión: *"Padre si te es posible pasa de mí esta copa."* No fue posible, tenía que pagar un precio muy alto por todos incluyendo a los acosados. En esta escena en particular, vemos a Jesús como protagonista de un pueblo que lo miraba, divirtiéndose con el dolor que le infligían sus burladores,habíamos establecido que el acoso o la burla se distinguen por ciertas características muy peculiares, en algunos casos individual, en otros combinados, cualquiera que fuera el caso, dañinas en extremo, las mismas que presente al inicio del capítulo, me refiero al acoso verbal, psicológico, aislamiento social y el acoso físico, Jesús vivió en carne propia todas las categorías del mismo. Un ejemplo combinado del acoso de Jesús en el cual se evidencian los cuatro tipos de daño que recibe una persona escarnecida, la representa este versículo. *Y los hombres que custodiaban a Jesús se burlaban de él y le golpeaban. Lc. 22:63*

Aquí vemos manifestado claramente el aislamiento social, Jesús fue aislado, encarcelado a merced de sus angustiadores para hacer de Él lo que quisieran. La combinación de estos elementos es mortal, esas voces que proferían amenazas y burlas, pueden estar latentes por el resto de la vida de la persona afectada, provocando una serie de trastornos irreversibles, si no son sanados a tiempo. La última, lo golpeaban, un marcado abuso físico desmedido, el cual le ocasionó la muerte, el tema en cuestión, es más devastador de lo que imaginamos. Veamos otros ejemplos de estas manifestaciones, según lo evidencian algunas de las porciones bíblicas que relatan el escarnio de Jesús. El mismo nos ayudará a inferir lo que Jesús vivió, si existe alguna similitud en tu vida y como comenzar a llevarlos cautivos al que solo pudo morir por el daño recibido.

Acoso verbal

Se manifiesta con insultos, apodos, hablar mal de alguien o emitiendo rumores, Jesús no fue la excepción, fue injuriado, insultado, escarnecido y burlado, según lo presenta la biblia. Lo mismo que acabamos de ver en Lucas 23:35. Pasemos un vistazo brevemente a estos conceptos.

Injuriar (hebreo., qalal), maldecir (griego; antiloidoreo), afrentar, agraviar, insultar, ofender, menospreciar, denigrar, Escarnecer, Injuriar, ultrajar, con que se ridiculiza a una persona. Burlar, Gestos o palabras.

Experiencias nada halagadoras, las cuales las veremos plasmadas en estos versículos bíblicos evidenciando en acción en este caso, el acoso verbal infringido a Jesús, aunque en algunos también pueden evidenciar acoso psicológico.

-No escondí mi rostro de insultos... Isaías 50:6b. Y le entregarán a los gentiles para que le escarnezcan   Mt. 20:19ª. Decían otras muchas cosas injuriándole. Lucas 22:65

Acoso Psicológico: Es un conjunto de conductas abusivas en forma de actos, palabras, escritos o gestos que vulneran la identidad, la dignidad o la integridad física y/o psicológica de una persona. La parte psicológica del hombre, tiene que ver con el alma, sus sentimientos, emociones y conducta.

Entonces Herodes con sus soldados le menospreció y

escarneció, vistiéndole de una ropa espléndida; y volvió a enviarle a Pilato. Lc 23:11

Los soldados también le escarnecían, acercándose y presentándole vinagre y diciendo: Si tú eres el Rey de los judíos, sálvate a ti mismo. Lu. 11:36

Aislamiento social: Que mayor aislamiento que quitarle la libertad, llevándolo a la cárcel atado de manos como si fuera un criminal.

Entonces la guardia, el tribuno y los satélites de los judíos prendieron a Jesús y lo ataron. Y lo condujeron primero a Anás, porque éste era el suegro de Caifás, el cual era Sumo Sacerdote en aquel año. Juan 18:12 -13

Pero Anás lo envió atado a Caifás, el Sumo Pontífice. Jn.18:24.

Yo también estuve en esa cárcel, pero salí para continuar el mensaje que no pudieron silenciar al matar Jesús, porque Él te lo delego a ti y a mí ¡Sal de la cárcel del escarnio!

Acoso físico: Agresiones, golpes físicos tan contundentes que pueden ocasionar hasta la muerte, por más que leamos o veamos filmaciones alusivas a este abuso, jamás imaginaremos plenamente lo que Él vivió. Reflexionemos.

Di mis espaldas a los que me herían, y mis mejillas a los que me arrancaban la barba; no escondí mi rostro de injurias y esputos. Isaías 50:6

Y les entregarán a los gentiles para que le escarnezcan, le azoten, y le crucifiquen; mas al tercer día resucitará. Mat. 20:19

Y le escarnecerán, le azotarán, y escupirán en él, y le matarán; mas al tercer día resucitará. Mar. 10:34

Y vendándole los ojos, le golpeaban el rostro, y le preguntaban, diciendo: Profetiza, ¿quién es el que te golpeó?Lu.22:64

Pilato, queriendo complacer a la multitud, les soltó a Barrabás; y después de hacer azotar a Jesús, {le} entregó para que fuera crucificado. Marcos 15:15.

Luego trenzaron una corona de espinas y se la colocaron en la cabeza, y en la mano derecha le pusieron una caña. Mt. 27:29ª.

Y Jesús, dando un fuerte grito, expiró Marcos 15:37

Una vez más queda evidenciado que el hombre acosador y escarnecedor, siempre se va a distinguir por su agresividad y provocación desmedida, por su crueldad, impulsividad, e inestabilidad emocional, ¿su fin? Buscar víctimas indefensas para hacerles daño. Las preguntas obligatorias son: ¿pensarán que seguirán ocasionando daño durante toda la vida? ¿Qué opinara el Señor ante esta crueldad? ¿Accionara a favor de las víctimas? No cabe duda que esta es una acción reprobable ante los ojos de nuestro Señor. Establecimos anteriormente que uno de los distintivos más ofensivos del acosador es su fuerte altivez, el altivo y el humilde se repelen, porque una persona llena de amor, mansedumbre y paz, no agrede a su prójimo. La altivez y la arrogancia son de los males que le aquejan al escarnecedor y para Dios son inconcebibles. Veamos lo que establece la palabra del Señor en relación al altivo, uno de los distintivos más comunes en los burladores.

Dios está en contra de ellos

*Altivos:*Persona que se cree superior a los que le rodean, por su posición social o económica, o por alguna cualidad especial y que lo demuestra con un trato distante o despreciativo hacia los demás.

Y a la gente humilde la salvarás; pero tus ojos están contra los altivos. 2 Sa.22:28

Sin embargo, la bondad inmerecida que Él da, es mayor, por eso se dice: *"Dios se opone a los altivos, pero da bondad inmerecida a los humildes. Santiago 4:6*

Les llama tontos: Se llama normalmente "tonto", a aquella persona o animal que no responde debidamente de acuerdo a los parámetros apropiados o estipulados de inteligencia, los niveles de tontería pueden variar, encontrándose personas apenas un poco tontas y otras con serios problemas de inteligencia. *La vara de la altivez está en la boca del tonto, pero los mismísimos labios de los sabios los guardarán. Pr. 14:3*

Es pecado: Cualquier desviación de la voluntad revelada de Dios, ya sea, no hacer lo que Él ha ordenado, o realizar lo que específicamente ha prohibido .Altivez de ojos, y orgullo de corazón, Y pensamiento de impíos, son pecado. Proverbios 21:4

Serán abatidos: Persona que ha perdido el ánimo, la fuerza o la energía. Conceptos equivalentes: Decaído, apesadumbrado, desalentado, desanimado, desfallecido, agotado, extenuado, fatigado, postrado.

Derrama los torrentes de tu ira, mira a todo soberbio y abátelo, Job 40:11.

Otra peculiaridad abrumadora en relación a esta población, es su feroz persecución hacia su víctima, ese es su mayor deleite, los asedian hasta desarmarlos, cansándolos y agotándolos hasta lograr que el acosado/a, sienta que el agresor casi le respira encima. Hasta el más fuerte se agota. *Sobre nuestros cuellos están nuestros perseguidores; no hay descanso para nosotros, estamos agotados. Lamentaciones 5:5.*

El Señor me enseñó a través del tiempo, no solo el camino del acosador, si no se arrepiente, me mostró el amor, su gracia en protección y cuidado derramado, cuando sana a las víctimas de tal agresión.

Nos libra de ellos- *En tu mano están mis tiempos; líbrame de la mano de mis enemigos, y de mis perseguidores Salmos 35:3.*

El Señor hará que los enemigos que se levanten contra ti sean derrotados delante de ti; saldrán contra ti por un camino y huirán delante de ti por siete caminos. Dt. 28:7 Los enjuiciará- *¿Cuántos son los días de tu siervo? ¿Cuándo harás juicio contra mis perseguidores? Jeremías 15:15. El que escarnece al pobre afrenta a su Hacedor; Y el que se alegra de la calamidad no quedará sin castigo. Pr.17:5*

Más Jehová está conmigo como poderoso gigante; por tanto, los que me persiguen tropezarán, y no prevalecerán; serán avergonzados en gran manera, porque no prosperarán; tendrán perpetua confusión que jamás será olvidada. Jer. 20:11

Serán echados en profundas aguas amarados de una pesada piedra

Y dividiste el mar delante de ellos, y pasaron por medio de él en seco; y a sus perseguidores echaste en lo profundo, como una piedra en grandes aguas. Salmos 31:15.

Da alivio saber que hasta el acoso o la burla está claramente visto por Dios con desagrado, no solo eso, Él se opone ellos y nos promete que no permanecerán por siempre con su burla. El burlador piensa que es grande porque tiene el control, en cambio, Dios les llama tontos, no saben qué si no detienen su accionar, serán enjuiciados y juzgados por Dios, ya que es pecado su comportamiento, su final será en verdad grande. Mi objetivo al hacer este análisis es que el lector que fue acosado entienda, que esa vivencia es dolorosa, pero Jesús la sana, y el que la ocasiona tiene que rendirle cuentas algún día. Jesús lo vivió, te comprende y mayor aún, pagó el precio por ti, en tus manos está seguir pagando las consecuencias de tus vivencias o agradecer y servir a quien saldó las deudas del escarnio por ti.

Caso de William

William era un niño con el cual intervine al fungir como consejera escolar en mi país, él estaba a punto de golpear a otro compañero que lo acosaba diariamente por sus marcados gestos amanerados y voz afeminada, según los acosadores. William se mostraba muy agresivo y molesto, su desempeño académico había mermado grandemente, reflejaba una mirada que decía a gritos, "por favor ayúdame", pero nunca había solicitado el servicio en mi oficina, por otro lado, me enteré del conflicto el día en que vi aquel puño levantado para golpear a su agresor verbal, medié de inmediato con los estudiantes y pude lograr el cese de su actitud de burla hacia William. Les cree conciencia de que si continuaban con el acoso, tendríamos que citar a sus padres y podrían ser suspendidos, el estudiante acosador, prometió que no se iban a burlarse más de William, además le pidió disculpas. Continúe dándole seguimiento al caso y efectivamente no se volvieron a burlar de él, cité a la madre y al padre de William, para compartirles lo sucedido, la dinámica fue muy interesante, ambos padres eran cristianos, pero pude inferir que había serias situaciones en su hogar.

Una madre que tomo el control de la entrevista todo el tiempo, ordenaba y decía que hacer, cuando y como, en cambio, el padre no decía, ni intervenía en nada, (indicativo que la figura del padre en el hogar y en la toma de decisiones, eran nulas). Culminé mi intervención creando conciencia a ambos, de que el padre debía estar más activo en la toma de decisiones y más presente en la vida de William, obviamente logrando que la madre le permitiera hacerlo. Continúe dándole terapias a William para que ventilara las emociones y sentimientos que el acoso escolar y la vivencia en el hogar habían ocasionado, el comportamiento y el aprovechamiento académico de William mejoraron notablemente, no solo por la intervención activa del padre en la crianza y el espacio que brindaba la madre para que se diera la dinámica, sino porque William enfrentó su acoso escolar, además, ahora se sentía seguro en la escuela.

Al escribir estas líneas y recordar aquellos momentos, lagrimas brotan de mis ojos, por el dolor que hoy en día pueden seguir viviendo las personas abusadas o las que son acosadas con burlas por la razón que sea. Dedico este capítulo a todos mis estudiantes que vivieron experiencias similares y no supieron cómo enfrentar su conflicto. Les pido perdón a todos los que no pude ayudar cuando era maestra, por el desconocimiento de lo que les pasaba. Le doy gracias a mi Dios que me ha permitido después de muchos años, volver a encontrarme en las redes sociales con muchos de ellos y poder ayudarles a sanar los estragos del bullying. *El hijo sabio recibe el consejo del padre; Mas el burlador no escucha las reprensiones. Pr. 13:1.*
Bienaventurado el varón que no anduvo en consejo de malos, Ni estuvo en camino de pecadores, ni en silla de escarnecedores se ha sentado. Sal. 1:1

Reflexión: Educar con sabiduría y tesón produce hijos llenos de bondad y dirección, en cambio, el burlador causa en su vida y en la de sus padres un profundo dolor.

Pastora Sonia

Capítulo 4

UN GIGANTE LLAMADO RECHAZO

Continuando con estas vivencias restauradas por mi Dios, quiero proseguir el orden en que, sin pedirlo, ni desearlo me tocó vivir. Otro de los grandes obstáculos que tuve enfrentar y superar, fueron los efectos por

> *Por tanto, os será este pecado como grieta que amenaza ruina, extendiéndose en una pared elevada, cuya caída viene súbita y repentinamente.*
> *Isaías 30:11*

el daño recibido en torno al rechazo y la obvia autoestima lastimada. Jamás pensé que las vivencias experimentadas, narradas anteriormente, me pudieran desarmar a tal grado de no sentirme amada, mucho menos valorada. Era como vivir una mentira, querer aparentar lo que no era, sintiendo un fuerte vacío en mi ser. Pertenecía a la iglesia tradicional, cantaba en el coro, tomaba catequesis, llegué a trabajar con los jóvenes, pero aquella sensación de rechazo se acrecentaba cada vez más, dado a lo pernicioso que puede ser para las personas que han sufrido serios traumas, he querido dedicarle a este tema el debido cuidado requiere. Pudiera describir lo que sentía, en torno al rechazo de la siguiente manera.

¿En qué consiste el rechazo?

El rechazo, implica básicamente, que no han sido satisfechas las necesidades primordiales de amor, aceptación y respeto, las cuales son indispensables para formar un ser integral sano, en su lugar, aparecen una serie de sentimientos y pensamientos negativos sobre sí mismo, como sobre los demás. Tiene una similitud con los sentimientos que genera la baja autoestima, aunque existen ciertos datos que la ubican con el nombre propio de rechazo. El mismo promueve, además, una sensación de vacío que desemboca en ausencia de afecto, tanto personal como interpersonal. Consiste además en separar socialmente, contradecir o refutar, tanto a uno mismo como a los demás.

El rechazo social

Es evidente que las personas necesitamos integrarnos con las demás, somos seres sociales, también es cierto que el rechazo es parte inevitable en la vida. El mismo puede convertirse en un problema peligroso cuando es persistente o prolongado. Este hace referencia a los eventos en los cuales un individuo es marginado en forma deliberada de una relación o interacción social. Puede darse entre amigos, familiares, en la comunidad en general, algún enamorado/a o uno mismo, este puede ser activo, mediante el acoso, la burla, ridiculizando al compañero, como lo vimos en el capítulo anterior, o pasivo como ignorar o marginar a la persona. Esta conducta afecta aún más, cuando la persona que rechaza es significativa para la víctima, o cuando el individuo es sensible al rechazo.

Veamos las dos manifestaciones más comunes de este fenómeno, nominados rechazo manifiesto o encubierto.

Rechazo manifiesto

Varios ejemplos del rechazo manifiesto en el hogar, lugar donde se pueden evidenciar fuertes vivencias de este al inicio de la formación de cualquier individuo, podría ser el expresarle abiertamente a un hijo, que no fue deseado, o que es un inútil, tonto, que no se puede comparar con sus otros hermanos, etc.

Manifestar la esperanza viva que mantuvieron de desear una niña y nació un varón o viceversa, agresiones verbales y/o físicas que crean temor e inseguridad, rechazo por alguna incapacidad del hijo, abuso y violaciones sexuales, padres que abandonan el hogar y no tienen más contacto con el hijo/a, pueden ser otros ejemplos claros de rechazo manifiesto.

Pastora Sonia

Rechazo encubierto

El rechazo encubierto, por su parte, trata de padres ausentes por actividades de interés personal, muchas horas de trabajo donde la ausencia es sentida como abandono o rechazo, mayor aún, cuando se es niño. El divorcio, el cual produce un abandono directo al menor, aun mayor, cuando el niño es utilizado como medio de agresión entre los progenitores; padres que no expresan el afecto de ninguna manera, en el hogar no existen los besos, abrazos, ni las caricias; exigencias extremadamente rígidas, con una disciplina muy estricta, la cual deja al menor desprovisto para saber lo que sucede; padres que niegan rotundamente que hagan acepción entre un hijo y otro, pero sus acciones lo delatan; la muerte de un ser querido, son detonantes letales en la vida de un individuo para desarrollar sentimientos de rechazo encubierto, otro extremo invisible pero letal, lo son los padres permisivos, incapaces de poner límites adecuados en los hijos creando inseguridades muy evidentes y otros impedimentos.

Sentimientos asociados con el rechazo

- Fantasías - Celos – Dudas - Rebeldía - Delincuencia -Aislamiento emocional -Auto desvalorización -Sensación de incapacidad – Hipocresía- Desconfianza - Faltos de perdón - Timidez o introversión - Ternura exagerada - Sensación de ser indigno- No sabe decir no - Querer ser el centro de atención - Deseos de muerte o de suicidio -Dificultad para expresar sentimientos -Problemas en la identidad sexual -Rencor -Irresponsabilidad -Juzgan a los demás -Pobre socialización - Tolerancia extrema con tal de sentirse aceptado - La obstinación o la porfía – Perfeccionismo - Detallistas -Aduladores -Legalistas -Dependencia excesiva hacia otras personas -Concepto sobre sí mismo -Hieren a los demás - No pueden confiar plenamente en Dios - Les cuesta entender su gracia ya que no han asimilado que pueden ser amados. *Examina la senda de tus pies, Y todos tus caminos sean rectos. Pr. 4:26-27.* No puedo establecer que todos estos síntomas van a estar presentes en todas las personas que presentan rechazo, pero sí son las más comunes, la idea es conocerlas y evaluarnos, Jesús también las vivió. Examinemos y consideremos la percepción de la biblia al respecto.

Enseñanzas bíblicas sobre el rechazo

En la biblia podemos encontrar un sin número de casos donde se manifiesta el rechazo. Los mismos evidencian la triste realidad del trastorno menos identificado o reconocido como tal, a través de la existencia de la humanidad. La palabra de Dios muestra diversos casos de rechazos, entre familiares, amigos, ministeriales, entre otros. Un ejemplo fidedigno a este respecto, lo podemos encontrar en la vida de David. Él era el hijo más joven de Isaí, de un total de ocho hermanos, fue un pastor de ovejas en

Belén desde temprana edad, en dicha región, pasó su juventud cuidando el rebaño de su padre. La historia revela que el rey Saúl había sido desechado de su reinado por insubordinación o rebeldía y Dios le indicó a Samuel que ungiera al rey que sustituiría a Saúl, este rey provendría de los hijos de Isaí. Evaluemos la acción de Isaí ante la demanda de Samuel para elegir al rey.

Lo normal hubiera sido que, si iban a elegir rey de uno de sus hijos, Isaí trajera a los ocho, pero la biblia registra que solo mando a llamar a siete de sus hijos ¿Dónde estaba David? Cuidando ovejas. No era Eliab, Abinadab, ni Sama, el que había elegido Jehová para rey de Israel.

Entonces dijo Samuel a Isaí: ¿Son éstos todos tus hijos? Y él respondió: Queda aún el menor, que apacienta las ovejas. Y dijo Samuel a Isaí: Envía por él, porque no nos sentaremos a la mesa hasta que él venga aquí. Envió, pues, por él, y le hizo entrar; y era rubio, hermoso de ojos, y de buen parecer. Entonces Jehová dijo: Levántate y úngelo, porque éste es. Y Samuel tomó el cuerno del aceite, y lo ungió en medio de sus hermanos; y desde aquel día en adelante el Espíritu de Jehová vino sobre David. Se levantó luego Samuel, y se volvió a Ramá.1 Sam. 16:11-13

Los rechazados también pueden ser ungidos

Me regocija este versículo, cuando expone que Jehová dijo: "levántate y úngelo, éste es." ¿No te da curiosidad el saber porqué David no había sido llamado por su padre o por sus hermanos para ser ungido? Veamos el trato hacia a David, en otros eventos relacionados a su vida, independientemente de que hayan sucedido antes o después de su ungimiento. Era muy evidente para David, su interés por pertenecer al ejército en combate, demostración de esto, fue el incidente con Goliat. La biblia registra, que este gigante estuvo hostigando al pueblo que dirigía Saúl, para que le enviaran a alguien que combatiera contra él, más Saúl, y su ejército, se turbaron y tuvieron miedo. Los tres hijos mayores de Isaí, habían ido para seguir a Saúl a la guerra, Eliab, el primogénito, el segundo Abinadab, y el tercero Sama, pero a ninguno de ellos había elegido Jehová, la palabra registra lo siguiente: *"Venía, pues, aquel filisteo por la mañana y por la tarde, y así lo hizo durante cuarenta días."1 Sam.17:16*

Ceguera ante nuestro talento

El acoso era persistente, posiblemente en el corazón de David estaba el deseo de accionar ante la eventualidad, veamos las instrucciones que le dio Isaí, padre de David, ante la batalla que se vivía: *"Y dijo Isaí a David su hijo: Toma ahora para tus hermanos un efa de este grano tostado, y estos diez panes, y llévalo pronto al campamento a tus hermanos. Y estos diez quesos de leche los llevarás al jefe de los mil; y mira si tus hermanos están buenos, y toma prendas de ellos. Y Saúl y ellos y todos los de Israel estaban en el valle de Ela, peleando contra los filisteos. Se levantó, pues, David de mañana, y dejando las ovejas al cuidado de un guarda, se fue con su* carga como Isaí le había mandado; y llegó al campamento cuando el ejército salía en orden de batalla, y daba el grito de combate".1 Sam. 17:17-20.

Es impresionante ver en acción, la sabiduría de un líder en potencia, aunque este haya sido criado, exhibiendo cierto grado de rechazo, David anhelaba estar en la batalla, pero seguía cuidando ovejas; acata la orden de su padre, lleva la comida a sus hermanos. La orden no tiene que ver con la guerra, pero fue obediente, deja a sus ovejas al cuidado de un guarda y sale en obediencia a su padre. David vuelve a experimentar nuevamente el rechazo, así como lo dedujo David, aunque una vez más las palabras de rechazo y desprecio son lanzadas hacia David, ahora de parte de sus hermanos, al escuchar que David hacia preguntas en relación a lo que estaba aconteciendo.

Rechazo familiar y ministerial

Y oyéndole hablar Eliab su hermano mayor con aquellos hombres, se encendió en ira contra David y dijo: ¿Para qué has descendido acá? ¿y a quién has dejado aquellas pocas ovejas en el desierto? Yo conozco tu soberbia y la malicia de tu corazón, que para ver la batalla has venido. David respondió: ¿Qué he hecho yo ahora? ¿No es esto mero hablar? Y apartándose de él hacia otros, preguntó de igual manera; y le dio el pueblo la misma respuesta de antes. Fueron oídas las palabras que David había dicho, y las refirieron delante de Saúl; y él lo hizo venir. Y dijo David a Saúl: No desmaye el corazón de ninguno a causa *de él; tu siervo irá y peleará contra este filisteo. Dijo David a Saúl: No podrás tú ir contra aquel filisteo, para pelear con él; porque tú eres muchacho, y él un hombre de guerra desde su juventud. 1 Sam. 17:28-33*

Es por todos conocido, que el rechazo se puede vivir tanto en la familia (como establecimos al principio de este capítulo), como en el ámbito ministerial, David no fue la excepción. El hermano de David no se alegró por su interés ante el problema que estaba pasando, más bien lo repudió. No solo se enciende en ira, sino que le humilla por el trabajo que realiza, le reclama sobre las ovejas en el desierto, no solo minimizó o rechazó el trabajo que realiza y el fruto del mismo, le sigue diciendo: "yo conozco tu soberbia y la malicia de tu corazón, que para ver la batalla has venido". Cuando hablamos de una persona llena de soberbia y malicia, lo que estamos diciendo es, que es: Insolente, orgullosa, altiva, o arrogante, la que está llena de malicia se califica como: Mala, perversa y traicionera. Me parece que un joven que es obediente a su padre, que sirve a sus hermanos, que se preocupa por el problema que existe en su entorno, además de que pastorea ovejas y que tiene palabras de aliento para darle al que está bajo temor y desesperanza, los calificativos otorgados son indignantes. Su respuesta fue suficiente para inferir la clase de individuo que era David, aunque viviera fuertes episodios de rechazo.

Y dijo David a Saúl: No desmaye el corazón de ninguno

a causa de él; tu siervo irá y peleará contra este filisteo.1 Sam. 17:32.

A nivel ministerial, también podemos encontrarnos con personas que pongan en tela de juicio nuestras capacidades para enfrentar el llamado y las batallas que encontremos en él. Podemos apreciar en estos escritos la manifestación de Saúl, cuando David se ofrece a trabajar en la obra, o sea, liquidar al gigante, "Saúl dijo a David: No podrás tú ir contra aquel filisteo, para pelear con él; porque tú eres muchacho, y él un hombre de guerra desde su juventud", no se debe dudar de las capacidades de nadie, no importa cuán joven o inexperto sea, si Dios está con él, podrá vencer cualquier gigante.

Todo obra para bien

Sabemos que para los que aman a Dios, todas las cosas obran para bien, esto es, para los que son llamados conforme a su propósito. Romanos 8:28

Observemos por un momento el trabajo realizado por David, pastor de ovejas, trabajo que en ocasiones algunos denigraban, tal vez por lo que representaba tan humilde labor, o peor aún, por lo insignificante que podía parecer para algunas personas, en cambio, ese humilde trabajo fue el que lo capacitó, para hacer lo que otros no pudieron, ganar la batalla contra el gigante reto del que otros expertos huían, por el otro gigante llamado temor.

David respondió a Saúl: Tu siervo era pastor de las ovejas de su padre; y cuando venía un león, o un oso, y tomaba algún cordero de la manada, salía yo tras él, y lo hería, y lo libraba de su boca; y si se levantaba contra mí, yo le echaba mano de la quijada, y lo hería y lo mataba. Fuese león, fuese oso, tu siervo lo mataba; y este filisteo incircunciso será como uno de ellos, porque ha provocado al ejército del Dios viviente. Añadió David: Jehová, que me ha librado de las garras del león y de las garras del oso, él también me librará de la mano de este filisteo. Y dijo Saúl a David: Ve, y Jehová esté contigo.1 Sam. 17: 34-37

David, muy bien pudo haberse olvidado del problema, entregar los alimentos a los hermanos y regresar a su trabajo de pastor, después de todo, el trato recibido de parte de sus hermanos, no fue nada amable, mayor aún, la duda del rey Saúl en relación a que pudiera vencer al gigante, son muestras convincentes de que David, no era muy bien visto por los demás. Pero él sí estaba seguro de quién era y de lo que podía hacer, solo tenía que escuchar la orden del rey, ve y Jehová esté contigo. Después que tengas la convicción de que el Señor está contigo, suelta la pesada carga del rechazo, vístete con el armamento adecuado y lánzate a pelear contra tú gigante.

Usa tu propia ropa

Y Saúl vistió a David con sus ropas, y puso sobre su cabeza un casco de bronce, y le armó de coraza. Y ciñó David su espada sobre sus vestidos, y probó a andar, porque nunca había hecho la prueba. Y dijo David a Saúl: Yo no puedo andar con esto, porque nunca lo practiqué. Y David echó de sí aquellas cosas.1 Sam. 17:38-39

Para David, fue imposible pelear con aquella vestimenta ajena. Imitar o querer hacer las cosas como los demás, es una fuerte evidencia de rechazo. Al no entender ni valorar lo que se posee, intentamos hacer las cosas como los demás, alguien dijo: "Se original para que no mueras como copia". David no dejó que su mal formación lo afectara, aunque se puso la ropa que le dio Saúl en obediencia, le afirmo que él prefería usar su propia ropa y sus propias armas. La vestidura es tipo de la cubierta de Dios, su unción y gracia, la cual ha obsequiado a cada uno conforme a la medida del don de Cristo.

Pero a cada uno de nosotros se nos ha concedido la gracia conforme a la medida del don de Cristo. Ef. 4:7.

Usa la ropa que adquiriste en tu campo de batalla, cuando el enemigo te quiera robar lo que te pertenecía. Sal tras él, como hizo David, persíguelo con la oración, hiérelo con la unción, el poder y la gracia que fue derramada por todo sobreviviente rechazado, a través de su palabra. Empodérate con ella, libérate de la boca viperina del que especula sandeces, menospreciando tu capacidad de enfrentar a tus gigantes. Que no te importe que sea león, oso, toro, vaca, caballo o yegua incircuncisa, aniquila el problema con el poder y la gracia que te fueron delegados a través de Jesús, en la cruz del calvario. Jehová te ha librado de muchas garras, también te librara de las manos destructoras que ocasionan el rechazo. Imita a David, lucha, persiste, ve por tú gigante y destrúyelo. Recuerda, debes estar consciente y tener en cuenta, que solo obtendrás la victoria unido/a a Jesús.

Porque separados de mí nada podéis hacer. Juan 15:5b

Pasos infalibles para obtener la victoria

Y tomó su cayado en su mano, y escogió cinco piedras lisas del arroyo, y las puso en el saco pastoril, en el zurrón que traía, y tomó su honda en su mano, y se fue hacia el filisteo.1 Sam.17 40.

En este pasaje bíblico, podemos percibir las provisiones básicas de defensas y ataque que David utilizó para defenderse del gigante, es decir, un cayado o bastón, un zurrón o bolsa, una honda y con cinco piedras lisas, con estas armas y su fe en Jehová, David estaba convencido de que iba a eliminar al gigante.

El cayado: Es una de las armas de defensa, usadas por el pastor para proteger a sus ovejas, además de auxiliar al rebaño, representa autoridad, este es útil para apoyarse con el fin de no caer cuando se está cansado o para cuando se requiere firmeza, también es útil para salvar a la oveja si se fuera a caer por algún despeñadero, la biblia lo presenta con la peculiaridad de que infunde aliento. *Tu vara y tu cayado me infundirán aliento. Salmos 23: 4b)*

Aliento: (heb. Neshamah) se define como el aire que respiramos, es sinónimo de vida, de vigor, fuerza, energía y ánimo, es el valor que se recibe de la firmeza que provee el cayado. El salmista se refiere al soporte o firmeza que provienen del Señor. Imagina que haces un alto en este momento en que estás leyendo, detén tu respirar por unos segundos, luego exhala suavemente, pero mencionando el nombre de Jesús, la sensación de alivio y descanso no tiene comparación. Al tomar el cayado como arma para derribar a tú gigantes, estas tomando el aliento o la vida que proviene de Jesús, ese aire que respiras se llama: gozo, paz, paciencia y fe; muy necesario para finalizar nuestras batallas con éxito. Para que esta dinámica se dé, tenemos que tomar en cuenta que cada individuo tiene su cayado en Jesús, David tomó el suyo, centrado en Dios, no el de papá, mamá, hermanos ni el su enemigo. No sueltes el tuyo.

El Zurrón: Es una bolsa o alforja que usaban los pastores o los viajeros (zurrón, saco pastoril) y que se ponía sobre el hombro, el zurrón era el nombre oficial de la bolsa que llevaba David, el día de la batalla con Goliat. La misma tipifica el carácter que se requiere para enfrentar y vencer nuestras luchas más tenaces, le servía para guardar cosas, comida, por lo general, se conoce además como: macuto, morral, mochila, alforja, talego, bolsa o saco. En el momento de la batalla, parece que la de David estaba vacía, ya que pudo echar cinco piedras en ella, posiblemente ya le había dado la comida que traía a sus hermanos y al jefe del ejército, por orden de su padre. Para obtener la victoria en nuestras batallas, debemos vaciar todo el equipaje desgastado y reemplazarlo con provisión nueva, esperanza, fe, gozo, confianza, no olvidemos llevar la provisión del Espíritu Santo. Declaro que, así como cuando metemos la mano en nuestro bolso para extraer un perfume y rociarnos con una fragancia agradable, esté siempre el Señor en nuestro equipaje perfumándonos donde quiera que vayamos. Hay promesas para nosotros, Él habita en ti y en mí por siempre. *Y yo rogaré al Padre, y El os dará otro Consolador para que esté con vosotros para siempre. Juan 14:16*

La honda: Es una de las armas más antiguas de la humanidad, en la actualidad se le llama comúnmente resortera, es lo más semejante a la honda usada por David. Su confección varía, pero el objetivo es el mismo, cazar un objetivo, en estos tiempos, es usada para la caza y para diversión, su nombre varía según el lugar, los más comunes son: Resortera, honda, flecha, jebe, tirapiedras, tirador, cauchera, biombo, tiradora, tirachinas, hulera y tira vete.

Gracias a mis Amigos/as de Facebook del mundo, por ayudarme con esta información, aparentemente el que tiraba tenía que salir huyendo, por falta de destrezas o para no enfrentar el daño que sufriría si la honda volvía a donde estaba su tirador. Se decía que su precisión y potencia no tenían comparación. Otro dato relevante al respecto, para que el tiro fuera efectivo, la distancia entre el atacante y el atacado tenía que ser lo suficientemente apartado para poder reaccionar con la agilidad adecuada. Es evidente que su uso es factible tanto como defensa, como para disuadir o confundir a un enemigo. David conocía estos datos y estaba seguro que funcionaban, aunque los demás lo pudieran tildar de ignorante, atrevido o desequilibrado por usar un arma tan insignificante (según ellos) para eliminar a tan aparatoso gigante.

Destruye tu gigante con la honda.

¿Cómo puedo entonces, utilizar esta arma para destruir a mi gigante llamado rechazo? Debemos entender y aceptar que son efectivas, y lo que es efectivo, bueno o duradero no tenemos por qué descartarlo, si funciona para pelear tu batalla, úsalo sin importar el nombre que tenga, los resultados hablarán por sí solos, comienza la cacería de tú gigante, conoce sus estrategias, las emociones, motivaciones o desánimos que genera, únete al pastor de los pastores, Jesús, sostén tú honda con fuerza y aliento de vida, aguántate de tú callado, y comienza tú cacería, aunque los demás te tilden de ignorante, atrevido, desequilibrado o fanático, el Señor está contigo en tu batalla de días, de meses o de años. Llegó el día de destruir las fortalezas del rechazo. *Porque las armas de nuestra batalla no son carnales, sino poderosas en Dios para la destrucción de fortalezas. 2 Co. 10:4*

Cinco piedras lisas: David tomó cinco piedras lisas, el número cinco significa gracia, la gracia de Dios que nos dirige, nos resguarda, nos restaura y nos ayuda a vencer. Esas piedras del arroyo, las cuales eran lisas, son aquellas que al pasar de los años, el incesante mover de las corrientes de agua, las han ido moldeando, hasta darle una forma definida y suave en la superficie, y fortificada su interior, toma las tuyas, sigue adelante, pelea tu batalla. *Y el filisteo venía andando y acercándose a David, y su escudero delante de él. Y cuando el filisteo miró y vio a David, le tuvo en poco; porque era muchacho, y rubio, y de hermoso parecer. Y dijo el filisteo a David: ¿Soy yo perro, para que vengas a mí con palos? Y maldijo a David por sus dioses. Dijo luego el filisteo a David: Ven a mí, y daré tu carne a las aves del cielo y a las bestias del campo. Entonces dijo David al filisteo: Tú vienes a mí con espada y lanza y jabalina; mas yo vengo a ti en el nombre de Jehová de los ejércitos, el Dios de los escuadrones de Israel, a quien tú has provocado.1 Sam. 17:40-45*

La analogía de las piedras, el carácter transformado de la mujer y el hombre rechazado

Piedra de la Fe: La primera piedra puede representar la fe que tuvo David al enfrentar a Goliat. Sin importar las circunstancias, ni el desastre emocional que pudiera existir en su corazón por las experiencias vividas, ni lo fuerte que pudiera ser su gigante. David poseía una fe imperturbable, una fe aguerrida en el Dios de los cielos, en el Gran yo Soy, El León de la tribu de Judá, una fe como define la palabra de Dios: "La certeza de lo que se espera, la convicción de los que no se ve".

Jesús es la fuente de la fe, sin Él, nada podemos hacer, la fe genuina es creer en lo que Cristo ha dicho, hecho y seguirá haciendo por nosotros, esa fe que te impulsa para derribar las asechanzas y el dolor que te ha ocasionado el enemigo. La fe es lo que nos permitirá confiar en Dios todo el tiempo, la misma que tiene que tener todo sobreviviente de rechazo para creer que va a obtener la victoria en esta cruel batalla.

Pero sin fe es imposible agradar a Dios; porque es necesario que el que se acerca a Dios, crea que le hay, y que es galardonador de los que le buscan. Hebreos 11:6.

Piedra de la Obediencia: La segunda piedra pudiera representar la obediencia, este término se define como la acción de cumplir la voluntad de quien manda o lo que está dispuesto en una ley o mandato, sea que la orden mande una determinada acción o la prohíba, debe seguirse. La obediencia viene acompañada de voluntad, deseo, instrucción y mandatos. Es prestar atención u obedecer al que habla, esta acción en la vida de David marcó la diferencia, los resultados pueden repercutir para toda la vida. Si queremos alcanzar el triunfo anhelado, se requiere obediencia. David acató la orden, inclusive, sabiendo que existían ciertas injusticias en contra de su persona. David le creyó a Dios, confió en Él, en todas sus instrucciones dadas y obtuvo el final esperado ¿Sabías que existe una estrecha relación entre la obediencia y prestar atención? El que tenga oídos, oiga y el que tenga ojos, lea. ¿Se complace el Señor tanto en holocaustos y sacrificios como en la obediencia a la voz del Señor? *He aquí, el obedecer es mejor que un sacrificio, y el prestar* *atención, que la grosura de los carneros. 1 Sam. 15:22*

Piedra de la Paciencia: La tercera piedra simboliza propiamente la paciencia, ella encierra la cualidad de resistir con firmeza y confianza, centrados en la expectativa de que vamos a obtener el fin deseado, sin importar las dificultades, el desánimo que puede aflorar y otras circunstancias desalentadoras, el fin esperado llegará en su tiempo.

La paciencia encierra además, constancia, resistencia, fortaleza, perseverancia, esta es un don del espíritu, como lo es la fe, ella nos permite abrazar la idea de que las aflicciones del tiempo presente, no son comparables con la gloria venidera que en nosotros ha de manifestarse. La piedra llamada paciencia es fundamental para cada individuo que obtuvo vivencias de rechazo, ya que la impaciencia, la tensión, la ansiedad y la impulsividad juegan un papel básico en los sobrevivientes de rechazo. Puliendo esta piedra a través de Jesús, con paciencia, obtendremos la victoria deseada sobre nuestro enemigo. David fue paciente y enfrentó a su gigante, él pudo haber acabado con Goliat, desde la primera vez que comenzó a tentar al pueblo de Dios, pero lo hizo en su tiempo, con la paciencia requerida.

El que es paciente, puede oír la voz de Dios cuando decreta que nos sacará del pozo de la desesperación y la ciénaga que aturde al sobreviviente del rechazo. El obediente verá como el Señor se inclinará hacia él o ella y oirá tu su clamor, le pondrá un cántico, una alabanza nueva y mucho más. Acepta el reto, es hermosa la recompensa. Pacientemente esperé a Jehová, Y se inclinó a mí, y oyó mi clamor. Y me hizo sacar del pozo de la desesperación, del lodo cenagoso; Puso mis pies sobre peña, y enderezó mis pasos. *Puso luego en mi boca cántico nuevo, alabanza a nuestro Dios. Verán esto muchos, y temerán, Y confiarán en Jehová. Sal 40:1*

Piedra de la Estrategia: La cuarta piedra denota estrategia, la misma encierra la planificación y la acción precavida que debe tener el/la que combate, en torno a lo que se propone a hacer. El objetivo que se quiere alcanzar va a demandar un conjunto de acciones y decisiones en línea con las metas y los objetivos, esta actitud es necesaria si queremos salir airosos de la encomienda que nos proponemos. El suceso de David y Goliat está lleno de eventos que evidencian estrategias fiables e idóneas para cualquier batalla. Además de las armas que David poseía, se evidencia un análisis preciso dirigido hacia su adversario, como hablaba, su resentimiento, la situación que les rodeaba a todas las partes involucradas y las posibles repercusiones de la acción a tomar. Entendió que aquella batalla no se ganaba con espadas, ni ejército, sino con el Santo Espíritu de Dios. David uso las estrategias correctas, utilizó lo que dominaba y no acepto lo que sabía que le podía ocasionar una rotunda derrota. Estudia las estrategias que vas a usar en tu guerra, si son las mismas que usaste hace años y no te sirvieron, cámbialas. Jesús provee estrategias precisas, nuevas y eficaces para tu batalla.

Piedra de la victoria: La quinta piedra lleva el nombre esperado ante una crisis abrumadora, la piedra de la victoria. La victoria es el fin alcanzado al vencer en una competencia o lucha a un enemigo (en este caso), conceptos asociados al término lo son: Éxito, triunfo, coronación, conquista, trofeo, gloria, honor, entre otros; este es el deseo de todo sobreviviente de rechazo y el de Jesús mismo, ya que lo vivió y también murió por nuestro rechazo. Él obtuvo la victoria sobre el rechazo en la cruz, ¿Por qué no obtener la nuestra a través de Él? David también obtuvo la victoria, la palabra declara que: Metiendo David su mano en la bolsa, tomó de allí una piedra, y la tiró con la honda, e hirió al filisteo en la frente, evidentemente, la piedra quedó clavada en la frente, y cayó sobre su rostro en tierra. La perseverancia de David lo llevo a obtener la victoria al derrotar a Goliat, la victoria se alcanza cuando seguimos firmes en pos de la meta.

Para que figure

Los hombres y mujeres de Dios que quieren ver su tierra prometida, deben proseguir su marcha hasta obtener la victoria sin desmayar, es posible que alguien cuestione el significado de las cinco piedras, no hay problema, yo ataqué a mi gigante, rechazo, con estas y estoy tan bendecida que lo estoy compartiendo contigo. Estas fueron las piedras que Jesús puso en mi camino para pelear contra mi gigante, identifica a tu enemigo, prepara tu zurrón, tu cayado y tu honda, usa tus piedras ¿Cómo? Siempre dándole la gloria, honra y honor a Jesús por tu victoria sobre el rechazo. *Tú vienes a mí con espada, lanza y jabalina; mas yo vengo a ti en el nombre de Jehová de los ejércitos, el Dios de los escuadrones de Israel, a quien tú has provocado.1 Sam. 17:45*

No dudes, solo cree.

La clave del triunfo, entre otras cosas, es la humildad y la confianza en Dios, además, reconocer que Él siempre se llevará toda la gloria, la honra y el honor, así lo dejó claro David, cuando peleo su batalla. No importa con quien sea nuestra guerra, con el prójimo o con nosotros mismos, tenemos que ir seguros, creyendo, aunque vengan ríos y sople el viento, creer que en Jesús obtendremos el triunfo anhelado. El Señor nos entregará lo que nos pertenece a nivel espiritual, emocional y físico, y todos sabrán a que Dios le servimos.

Jehová te entregará hoy en mi mano, y yo te venceré, y te cortaré la cabeza, y daré hoy los cuerpos de los filisteos a las aves del cielo y a las bestias de la tierra; *y toda la tierra sabrá que hay Dios en Israel. 1 Samuel 17:45*

Jehová nos entregara lo que nos pertenece

Dios entregará en nuestras manos lo que nos pertenece: La confianza, el amor, aceptación, respeto y una salvación eterna garantizada. *Y sabrá toda esta congregación que Jehová no salva con espada y con lanza; porque de Jehová es la batalla, y él os entregará en nuestras manos. 1 Sam. 17:47*

Solo usa una piedra

David se preparó con cinco piedras, es fundamental prepararnos lo mejor que podamos, pero cuando estés listo/a, encomiéndale al Señor tu batalla antes de actuar, y Él te va a indicar si vas a tener que usar las cinco piedras, o si vas a vencer a tu opositor solo con una. Mi Dios tiene el control de las cosas, no tenemos por qué temer, afanarnos o desesperarnos. Si Él quiere, derribaremos al gigante con una sola piedra. *David metió su mano en la bolsa, tomó de allí una piedra, y la tiró con la honda, e hirió al filisteo en la frente; y la piedra quedó clavada en la frente, y cayó sobre su rostro en tierra.1Sam.17:49*

Libérate de ese gigante para siempre

1. Perdone y renuncie a toda falta de perdón contra todas las personas que le han rechazado en cualquier etapa de su vida. 2. Renuncie, alto y claro a todo espíritu de rechazo, tanto personal como hacia los demás, renuncie a toda maldición generacional hereditaria de rechazo que viene a través de la línea sanguínea de sus padres y antepasados, ordene y declare inoperante a todo espíritu detrás de esa maldición, además, cancélela en el nombre de Jesús. 3. Renuncie y cancele en el nombre de Jesús a todos los espíritus que se forman a través del espíritu

de rechazo, los cuales son: el espíritu del desamor, temor, celos, envidia, lujuria, orgullo, luto, abandono, tristeza, entre otros.

4. Medite en la Escritura todos los versos que hablen acerca del amor del Señor y lo que significamos para Él. Apréndalos completos o parafraseados, no podemos olvidar que la palabra es medicina, crea y abrace la hermosa realidad de que somos aceptados y amados por nuestro Señor Jesús.

5. Ore y ayune para que no entre en tentación, no podemos ignorar las maquinaciones del enemigo.

No podemos ignorar que el rechazo es el plan maestro del enemigo para destruir al pueblo de Dios, el que no se ama ofende a Dios, a su palabra y la obediencia a la misma, el enemigo lo sabe, por eso ataca tan fuerte en esa área.

Amaras al señor tu dios con todo tu corazón, y con toda tu alma, y con toda tu fuerza, y con toda tu mente; y a tu prójimo como a ti mismo. Lucas 10:27

Mirad cuál amor nos ha dado el Padre, para que seamos llamados hijos de Dios; por esto el mundo no nos conoce, porque no le conoció a él. I Jn. 3: 1

Si yo no me amo, valoro y respeto ¿Cómo voy amar a Dios? Mucho menos a mi prójimo. Esto es más importante de lo que imaginamos, cuidemos nuestra valía y salvación como un hermoso y valioso tesoro, de esta manera el gigante llamado rechazo, desaparecerá para siempre.

Caso de Sarvia

Sarvia era una mujer cristiana que llegó un día a mi oficina de consejería, solicitando ayuda, comencé mi proceso de rigor y de inmediato pude ver, que Sarvia tenía un fuerte problema de rechazo, el cual se manifestaba mediante un devastador espíritu de adulterio, esto sin importarle que tuviera 40 años de casada. No podía asimilar lo que estaba pasando inicialmente, la apariencia externa de Sarvia, mostraba a una hermana extremadamente conservadora y cristiana, en cambio, su expresión verbal, denotaba un fuerte apego a resolver sus vacíos existenciales, con romances pasados y nuevos. Provenir de un hogar sin un padre, criada entre la abuela y la madre, cambios drásticos de residencia en sus primeros años de formación, la convivencia con varios padrastros, maltratos físicos y emocionales estaban a la orden del día en la vida de Sarvia. Al escuchar sus continuos argumentos, al captar las pocas fuerzas y el pobre deseo de salir de aquella lacerante situación, sentí de parte del Señor que, más que seguir el proceso de consejería, tenía que ministrar liberación. Fue un poco intimidante al principio cuando aquel espíritu de rechazo y todos sus acompañantes se revelaron, el semblante de Sarvia cambio por completo ante aquella manifestación, me miró con odio, tuve que remover un objeto contundente que tenía en mi escritorio, porque percibí que lo miró con el fin de atacarme con él. En mi oración de represión y liberación, lo que imperaba en ella me miró firme a los ojos y me dijo: "Déjala". Fue ahí donde me ceñí con mayor autoridad, fuerza y poder para combatir con aquella manifestación en el nombre de Jesús. Al reprender y cancelar con autoridad aquella malicia manifestada, la mujer se colocó en una posición fetal y comenzó a chuparse el dedo.

Luego de una ardua intervención pude obtener la victoria sobre aquel espíritu que manipulaba a Sarvia desde su niñez, aprovechándose de sus carencias de amor y rechazo, la engañó, tornándola adicta a relaciones de adulterio, las cuales aparentemente, podían llenar aquel vacío de ser amada, provocado desde su niñez. Sarvia sigue en un tratamiento bíblico terapéutico integral, en el cual, no solo se trata con la adicción al adulterio, sino a ser libre del gigante llamado rechazo, entre otros. Oremos sin cesar por Sarvia y por todos los hombres y mujeres que la representan.

Reflexión: ¡Con piedra en mano, honda, callado y zurrón, al gigante llamado rechazo lo derribaremos con rigor!

Pastora Sonia

Capítulo 5

AUTOESTIMA EN RUINAS

Luego de presentar la estrecha relación y el marcado deterioro que existía en mi vida, en torno a la secuela que dejó el rechazo, era casi inevitable que esta nueva sintomatología se hiciera presente en mi vida a tan temprana edad. Mi autoestima comenzó a denotar señales evidentes, sin saber, ni entender, estaba padeciendo de este otro gigante emocional que nominé "autoestima en ruinas".

> *Entonces dijo Dios: Hagamos al hombre a nuestra imagen, conforme a nuestra semejanza; y señoree en los peces del mar, en las aves de los cielos, en las bestias, en toda la tierra, y en todo animal que se arrastra sobre la tierra.*
> *Génesis 1:26-27*

Viví por muchos años sintiendo que no valía nada y que había nacido para vivir en desgracia, tener esta información tan arraigada, destruía todo intento de superación, sentía que no era amada, que era fea, que no servía, todo lo que había en mi entorno y los traumas recibidos, contribuían a fortalecer una valía deteriorada.

Considero, sin temor a equivocarme, lo esencial que es exponer este tema en estas vivencias, ya que además de tener que enfrentar esta plaga con vehemencia en mi vida, existen cada día más casos de hombres y mujeres, paralizados por poseer el estigma de una autoestima desvanecida, originada en la niñez, sin saber qué hacer, comenzare esta disertación definiendo el término.

¿Qué es autoestima?

Auto= yo, Valía= propia. Trata de la percepción que tengamos de lo que valemos o quiénes somos, la autoestima se puede definir como: "las percepciones actitudes, pensamientos, sentimientos, habilidades y tendencias de comportamiento natural y las evaluaciones, dirigidos hacia nosotros mismos, hacia nuestra manera de ser, de comportarnos, hacia los rasgos de nuestro cuerpo y nuestro carácter". La autoestima encierra el aprecio y respeto propio fundamental, para existir emocionalmente saludables, una estima saludable, puede emitir pensamientos de victoria, motivación y acción, en cambio, una estima en ruina, declara: "no sirves, no vales, o no puedes". Encontrar la información que quiero compartirte, al igual que la palabra de Dios, la cual consuela, pero también confronta, sana y liberta, fue de gran ayuda al conocer y entender, que las experiencias vividas, me marcaron y me lastimaron, pero no pudieron continuar siendo las que dictaminaran mi hoy y mi mañana. Léelas con cuidado y evalúalas detenidamente, es posible que en estos escritos puedas encontrar las respuestas que has estado buscando durante mucho tiempo, yo las encontré cuando me fui evaluando a través de ellas, y descubrí que, aunque no era culpable, el problema era yo.

Dato sobresaliente

Es importante señalar que, a partir de los cinco a seis años de edad, es cuando empezamos a formar concepto de cómo somos y como nos ven nuestros mayores, entiéndase: Padres, maestros, compañeros, amigos, hermanos, familiares, entre otros, es por eso que es sumamente importante, conocer algunos elementos básicos en torno al tema. Además de tener sumo cuidado con los hijos y nietos que están a nuestro cargo en estas edades, nosotros podemos ser los constructores o destructores del autoestima de esas hermosas joyas que Dios ha depositado a nuestro cuidado, consideremos con sumo cuidado algunos elementos básicos del tema en cuestión.

Elementos fundamentales de la autoestima

Los elementos de pertenencia, identidad y la competencia personal, son básicos al momento de tratar este tema, la pertenencia: Implica ser socialmente aceptables, fundamentalmente básico para vivir satisfecho en el mundo, la identidad: Trata de la imagen y conocimiento de uno mismo, la competencia personal: Es capaz de enfrentar problemas del mundo de un modo positivo y afectivo, envuelve la capacidad de dar y recibir. Cada una de ella debe estar bien cimentada en cada individuo para ser poseedores de una estima saludable. Consideremos algunas señales existentes en torno a la autoestima, que deben ser observadas con mucho cuidado en cada individuo a través de sus etapas de vida.

Señales de auto estima sana en los niños

La autoestima sana se edifica día a día, es necesario darles a los niños el ejemplo adecuado, permitiéndoles que interactúen con libertad, reforzándolos cuando logran su cometido y animarlos con amor a perseverar cuando algo les sale mal. Es necesario impartir una crianza integral, que logre aumentar estas fortalezas en la autoestima de cada niño. Posee destrezas para solucionar problemas, si no lo logra, pide ayuda, perdona cuando le ofenden, sabe tomar decisiones certeras y reconoce cuando no lo son. Se muestra feliz con él y con los demás, es curioso y le gusta lo nuevo, no muestra resistencia a los cambios, se puede adaptar con facilidad, sabe aceptar las consecuencias de una mala decisión, enfrenta y confronta a los demás con respeto, reconoce claramente, llamando a todas sus emociones por su nombre, en ocasiones puede mostrarse ansioso o con cierta duda, pero sale adelante eventualmente.

Indicaciones de auto estima saludable en jóvenes y adultos

Reconocen lo que saben hacer bien y lo que deben mejorar, se sienten bien consigo mismos, expresan su opinión con propiedad, no temen a hablar con otras personas, saben identificar y expresar sus emociones, participan en las actividades sociales, les gustan los retos y no les temen, saben enfrentar situaciones adversas, ayudan a los demás sin críticas negativas, son creativas y originales, aprenden actividades nuevas, disfrutan de las cosas divertidas de la vida, se alegran de que a los demás les vaya bien, comparten con otras personas sus sentimientos. Además se aventuran en nuevos proyectos, son organizados y ordenados en sus actividades, preguntan cuándo no saben, sin temor, defienden su posición ante los demás de forma asertiva, reconocen sus errores cuando se equivocan, no les molesta que digan sus cualidades, pero no les gusta que los adulen, conocen sus cualidades y tratan de sobreponerse a sus defectos, son responsables de sus actos, son líderes naturales, luchan por alcanzar lo que quieren.

Indicadores de auto estima baja en toda población

*Autocompasión *Buscar falta *Culpa *Necesidad de aprobación *Miedos exagerados *Ausencia de amigos *Perfeccionismo *Falta de confianza *Egocentrismo y orgullo *Sentimientos de tristeza *Tolerancia a los vicios   *Quejas continuas *Depresión *Aduladores *Crítica constantes *No se aventuran *Se comparan con los demás *Suicidio.

Necesidad de aprecio y respeto, según Maslow y Carl El teórico Abraham Maslow, en su teoría jerarquía de las necesidades humanas, la cual formula una jerarquía de necesidades humanas básicas, establece que, conforme se satisfacen las necesidades más básicas, los seres humanos desarrollan necesidades y deseos más elevados, la expresión de aprecio más sana. Según Maslow, es la que se manifiesta en el respeto que le merecemos a otros, más que el renombre, la celebridad y la adulación. Carl Rogers, un exponente de la psicología humanista, expuso que, la raíz de los problemas de muchas personas se debe a que se desprecian y se consideran seres sin valor e indignos de ser amados; de ahí la importancia que le concedía a la aceptación incondicional del cliente. En efecto, el concepto de autoestima se aborda desde entonces en la escuela humanista como un derecho propio de toda persona, resumido en la siguiente verdad: "Todo ser humano, sin excepción de personas, por el simple hecho de serlo, es digno del respeto incondicional de los demás y de sí mismo, merece estimarse y ser estimado", por lo tanto, si un individuo siente todo lo contrario a lo antes establecido, se puede afectar su manera de estar y actuar en el mundo; y la forma de relacionarse con los demás también puede verse afectada, ya que la manera de pensar, sentir, decidir y de actuar no escapa a la influencia de la autoestima, tenemos que estar debidamente instruidos en torno a ella.

Atando Cabos

Queda evidenciado lo dañino que pueden ser las vivencias que generan una auto estima enferma, resalté inicialmente lo que plantea la "teoría la jerarquía de las necesidades humanas de Maslow", y lo que expone el humanista Carl Rogers. Estas apreciaciones pueden ser certeras y apropiadas en cierta manera, según estos dos teóricos, pero faltaría señalar varios puntos básicos según lo presentado ¿Aceptará nuestro Dios incondicionalmente a una persona, por el mero hecho de despreciarse y considerarse un ser sin valor e indigno de ser amado?¿Permitirá Dios que el ser humano elija una vida pecaminosa contraria a sus mandatos?¿Verá Dios factible que un individuo por no haber cubierto ciertas necesidades básicas que redunden en una valía sana, fornique, adultere, mate, robe, sea avaro, calumniador, borracho, o que se torne homosexual o bisexual?

La teoría de la autoestima de Maslow-Rogers jamás puede coincidir con las estipulaciones bíblicas en torno al valor propio, ya que ni la biblia, ni el cristiano, puede, jamás, adoptar una posición de aceptación incondicional del hombre por las malformaciones que posee. Dios puede proveer herramientas para que la gente sea libre y sana, cubriendo toda necesidad, pero jamás consentir que actúe en línea con el pecado por el mero hecho de poseer malformaciones emocionales sin restaurar ¿Se imagina el consentimiento total de lo antes mencionado, sumado al orgullo, el rechazo, la tristeza, miedos, depresión, suicidio entre otros? O sea, tengo deudas de amor y poseo un vacío existencial, ¿Se justifica que practique todo lo que no puedo confrontar liberar y sanar? Entonces a pecar ¡Nunca! *¿No saben que los malvados no heredarán el reino de Dios? ¡No se dejen engañar! Ni los fornicarios, ni los idólatras, ni los adúlteros, ni los sodomitas, ni los pervertidos sexuales, ni los ladrones, ni los avaros, ni los borrachos, ni los calumniadores, ni los estafadores heredarán el reino de Dios. 1 Co. 6:9-10*

Parafilia

¿Conocías el termino parafilia o has oído hablar de él? Es un patrón de comportamiento sexual en el que la fuente predominante de placer, se encuentra en objetos, situaciones, actividades o individuos extraños, no existe un consenso para establecer un límite preciso entre el interés sexual inusual y la parafilia, según el DSM-5(Manual Diagnóstico

y Estadístico de los Trastornos Mentales de la Asociación Americana de Psiquiatría, American Psychiatric Association-APA). El mismo contiene descripciones, síntomas y otros criterios para diagnosticar trastornos mentales. El DSM-5 tiene especificados ocho desórdenes parafílicos. Se han propuesto varias sub-clasificaciones de las parafilias, pero algunos argumentan, que un enfoque psicológico completo podría reflejar mejor la evidencia, aunque los psicólogos y psiquiatras no llegan a un acuerdo en torno a la cantidad de parafilias sexuales que existen. Es evidente su multiplicación. Es un tema muy serio, del cual, El Señor habló de antemano, declarando que cualquiera que lo practique, se considera como perversión y peor aún, no podrá heredar el reino de los cielos, las actividades sexuales ilícitas, son para Dios abominación, aunque el hombre le coloque el nombre que parezca pertinente, como por ejemplo la zoofilia(personas que tienen intimidades con animales), ya mi redentor había dicho algo del asunto. *No te ayuntarás con ningún animal, contaminándote con él, ni mujer alguna se pondrá delante de un animal para ayuntarse con él; es una perversión. Levítico 18:23*
Ni los sodomitas, ni los pervertidos sexuales heredarán el reino de Dios. 1 Co. 6:9.

¿Por qué tocar estos conceptos en el tema de la autoestima? Sencillo, por la tendencia que tiene el ser humano en cubrir sus vacíos existenciales con todo tipo de depravaciones y no querer volcar su valía al poder y la gracia regeneradora de nuestro Señor Jesús. Son considerables los problemas de auto estima que he atendido, a través de los años, los cuales enfrentan fuertes conflictos en el área de la sexualidad, las frustraciones o carencias que no se cubren, les dejan a merced de dejar correr la imaginación, y hacer cosas que traen carga sobre carga. No se resuelven los problemas satisfaciendo las bajas pasiones, se resuelven a través de Jesús, autor y consumador de nuestras vidas. Es cierto que la carne es débil, pero el espíritu está presto. *Velad y orad, para que no entréis en tentación; el espíritu a la verdad está dispuesto, pero la carne es débil. Mateo 26:41*

El amor de Dios

Es cierto que el amor de Dios es infinito, a tal grado que no quiere que nadie se pierda, pero el Hombre y la mujer, tienen que ajustar cuentas con Jesús, si quieren ser libres de cualquier atadura del espíritu, alma y cuerpo, claramente lo dejó el Señor establecido. *Porque de tal manera amó Dios al mundo, que ha dado a su Hijo unigénito, para que todo aquel que en él cree, no se pierda, mas tenga vida eterna. Juan 3:16.*

Lo que quiero tratar de dejar claro es que, según la palabra de Dios, para que un individuo comience a regenerar la imagen de sí mismo y poseer una restaurada, requiere mucho más que identificar el problema o que obtenga apoyo incondicional de las demás personas, el individuo tiene que empoderarse del amor y la imagen de Dios, aborreciendo el pecado y tomando posición de una nueva criatura regenerada a través del sacrificio de Jesús en el Calvario. Es muy posible que haya personas que difieran de este planteamiento, si no eres cristiano es aceptable, pero un verdadero cristiano tiene que empezar a dejar de justificar el pecado, de ser así, nunca va a disfrutar del privilegio de tener una autoestima saludable. La biblia dice que todo es lícito, pero no todo conviene, además no tendrá por inocente al culpable. Jehová es tardo para la ira y grande en poder, y no tendrá por inocente al culpable. Nahúm 1:3ª .Veamos lo que dice esta palabra en consonancia con las personas que arrastran fuertes traumas en su vida y no han podido, o querido trabajarlos, dejándose llevar por todo tipo de conductas y pasiones que, más que ser apoyadas, deben ser liberadas y sanadas.

Es triste ver tanta legislación a favor de lo que el Señor estableció como pecado; y que a lo bueno llamen malo y a lo malo bueno. Vemos gran cantidad de defensores creyendo tener la sartén por el mango, pero la última palabra la tiene el Señor Jesús. No debemos asombrarnos por nada de lo que veamos u oigamos que el mundo apruebe en este tiempo, la palabra es clara cuando dice: Por esto Dios los entregó a pasiones vergonzosas; pues aun sus mujeres cambiaron el uso natural por el que es contra de la naturaleza, y de igual modo también los hombres, dejando el uso natural de la mujer, se encendieron

Pastora Sonia

en su lascivia unos con otros, cometiendo hechos vergonzosos hombres con hombres, y recibiendo en sí mismos la retribución debida a su extravío. Y como ellos no aprobaron tener en cuenta a Dios, los entregó a una mente reprobada, para hacer cosas que no convienen; estando atestados de toda injusticia, fornicación, perversidad, avaricia, maldad; llenos de envidia, homicidios, contiendas, y malignidades; murmuradores, detractores, aborrecedores de Dios, injuriosos, soberbios, altivos, inventores de males, desobedientes a los padres, necios, desleales, sin afecto natural, implacables, sin misericordia; quienes habiendo entendido el juicio de Dios, que los que practican tales cosas son dignos de muerte, no sólo las hacen, sino que también se complacen con los que las practican. Romanos 1:26-32. El que tenga oídos que oiga.

Más Perspectivas Bíblicas y psicológicas de la Autoestima

Entonces dijo Dios: Hagamos al hombre a nuestra imagen, conforme a nuestra semejanza. Gn.1: 26.

Imagen y semejanza de Dios

Este versículo, además de ser para mí, la clave usada por mi Señor para que entendiera quien puedo ser en Él, expresó claramente el propósito que tuvo desde el principio de la creación, para fortalecer y bendecir mi estima, y la interacción con el resto de la humanidad, a través de esta palabra. El Señor nos otorga el privilegio de poder poseer todos los atributos y cualidades que emanan de su imagen y semejanza. Fuimos creados con el propósito de amar y ser amados, de crear, hacer milagros, predicar, orar, adorar, entre otras cosas, todo lo que venga nuestra mente, creado por Dios, esta accesible para nosotros, principalmente su imagen. Evaluemos lo que Dios quiso hacer con el primer hombre que creó y con todos nosotros.

Tselem (imagen). Consideremos el siguiente hallazgo obtenido mediante un trabajo investigativo en torno a la imagen y semejanza de Dios, para poder transmitir con mayor claridad la imagen y semejanza que nos presenta Génesis 12:6, debemos ver por separado ambos conceptos. La palabra imagen es la traducción del hebreo Tselem, que literalmente significa sombra, los significados de sombra e imagen son diferentes, aunque se pueden correlacionar entre sí. Una imagen es una copia del aspecto de algo o de alguien, la sombra es la proyección de un organismo viviente o no viviente, por ejemplo: La luz del sol sobre una persona, puede proyectar su sombra, o sea, la integración de la luz del sol y la persona irradiada, forman la silueta, para que esa imagen creada, llamada silueta humana, a través de la luz y la sombra, tienen que permanecer unidas, si el individuo se mueve o se va, la imagen se desvanece, sin embargo, dado que Dios es Espíritu, nada material puede ser su imagen, y Adán era material, por esta razón no era posible que él, ni ninguno de nosotros fuera hecho a la imagen de Dios, pero para poder subsistir en el nuevo espacio creado por Dios y para disfrutar de su compañía eterna, tenía que suceder algo. No olvidemos lo que enseña su palabra. Yo soy la vid, vosotros los pámpanos; el que permanece en mí y yo en él, ése da mucho fruto, porque separados de mí nada podéis hacer. Juan 15:5. Si el sentido literal de "Tselem" es sombra, y es el que mejor describe la creación de Adán, entonces el verso podría parafrasearse así: "Y dijo Dios, hagamos al hombre a nuestra sombra", si el hombre fue hecho sombra de Dios, entonces no puede vivir separado de Él ¡Majestuoso! La sombra de tú silueta y la mía, no pueden alejarse de la luz que da vida, porque nos desvanecemos.

Si la luz desaparece, afloran las tinieblas, entonces ni Adán, ni la humanidad en general, pueden vivir separados de Dios. *Yo soy la luz del mundo; el que me sigue no andará en tinieblas, sino que tendrá la luz de la vida. Juan 8:12*

Demuth (Semejanza) La palabra semejanza, viene del hebreo "Demuth", la misma es equivalente a similitud, afinidad, parecido. Dios crea a Adán su sombra y semejanza, el objetivo es que ambos tengan una estrecha similitud en el modo de sentir, pensar y actuar, que sean afines, que haya amor, aprecio, devoción y apego del hombre hacia Dios y viceversa. La humanidad perdió esta perspectiva de vida desde que Adán cayó, por eso es que existen tantas personas modelando una autoestima enferma y pobre. La buena noticia es que Dios se propuso reconciliar con al hombre a través de Jesús, para devolver a su creación, su "Tselem" y "Demuth". *Porque si cuando éramos enemigos fuimos reconciliados con Dios por la muerte de su Hijo, mucho más, habiendo sido reconciliados, seremos salvos por su vida. Romanos 5:10.*

Dios quiere que entendamos que las vivencias experimentadas en nuestras vidas, no van a determinar nuestro presente, ni nuestro futuro. Cuando las personas que poseen esta estima baja, comprendan esta verdad, serán más que vencedores, en cambio, el que persista solo en evaluar y aceptar esta condición, sin aceptar y operar un cambio, caminará por la vida con las marcas de su decisión. Escojamos si queremos vivir en la reconciliación a través de Jesús, o con estas señales de deterioro espiritual tan devastadoras. Veámoslas detenidamente.

Actitudes que inutilizan, versus la palabra que enriquecen

Auto compasión: Estas personas se compadecen constantemente por las cosas que les pasa sin retractarse de su erróneo proceder, pueden ser vulnerables a todo tipo de agresiones, incluyendo la violencia doméstica. Afianza a tu siervo para bien; No permitas que los soberbios me opriman. Sal.119:122. Consentir el ser atropellados, nos llevará a ser esclavos de los demás, y por ende, a ser pisoteados.

Pastora Sonia

Excesiva necesidad de aprobación de los demás:
Tenemos que tener cuidado de no estar buscando la aprobación de otro ser humano para sentirnos bien, esa tendencia es peligrosa. La búsqueda (muchas veces inconsciente) de una continua necesidad de que los otros nos digan si todo lo que hacemos está bien o no, puede ser señal de una estima baja y debilidad. *Y como ellos no aprobaron tener en cuenta a Dios, Dios los entregó a una mente reprobada, para hacer cosas que no convienen. Roma. 1:28.*

Nuestra dependencia debe estar depositada en Dios y en su palabra, de no ser así, podemos ser presa de una mente reprobada, la cual se engrandece cuando tomamos el consejo del hombre y no el divino.
Una de las cosas que más agradan a nuestro Creador es que queramos depender de Él.
Ausencia de amigos: No se sienten bien consigo mismos, tienden a ser solitarios, fiscalizadores y demandantes, estas tendencias no facilitan las amistades. Por causa de la pobreza y del hambre andaban solos; Huían a la soledad, a lugar tenebroso, asolado y desierto. Job.30:3
Egocentrismo y orgullo: Quieren probarles a los demás, a través de los logros y capacidades, que todo lo pueden o que son los mejores. *Mejor es humillar el espíritu con los humildes, que repartir despojos con los soberbios. Pr. 16:19*
Quejas continuas: Se quejan y culpan a los demás, sin asumir las consecuencias por sus propios actos.

Las quejas condenan. *Hermanos, no os quejéis unos contra otros, para que no seáis condenados. Santiago 5:9*

* Buscar faltas en otros mediante pleitos: Debido a sus propias carencias, surge la necesidad de probar que están bien y el otro mal generando serios conflictos. *El odio despierta rencillas; Pero el amor cubrirá todas las faltas. Pr. 10:12*

*Tolerancia a los vicios: Son Permisivos consigo mismos, buscando satisfacción carnal en comida, bebida drogas, entre otros. Les da una sensación temporera de bienestar, llevándolos a la adicción. *Entonces la concupiscencia, después que ha concebido, da a luz el pecado; y el pecado, siendo consumado, da a luz la muerte. Santiago 1:15*

*Culpabilidad y Depresión: Al conocer que no pueden llenar las exigencias de todo el mundo, por los grandes conflictos que presentan, culpan a todo el mundo, la gente se aleja y ellos se deprimen. *Pacientemente esperé a Jehová, Y se inclinó a mí, y oyó mi clamor. Y me hizo sacar del pozo de la desesperación, del lodo cenagoso; Puso mis pies sobre peña, y enderezó mis pasos. Salmos 40:1-2*

* Aduladores: Alagan a los demás con nombres o títulos, hablan en alta voz con el fin de impresionar a otros, permanece en ellos un miedo oculto, en torno a que, si no actúan de esa manera, podrían ser descubiertas sus debilidades reales.*Estos son murmuradores, querellosos, que andan según sus propios*

Pastora Sonia

deseos, cuya boca habla cosas infladas, adulando a las personas para sacar provecho. Judas 1:16

* **Suicidio:** La manera más cruel de auto castigo. La persona quiere escapar, no del mundo, sino de ellos mismos, se rechazan, y en vez de encarar el problema, le ponen fin ¿Será ese el fin de su problema? Porque el desvío de los ignorantes los matará, *Y la prosperidad de los necios los echará a perder; Mas el que me oyere, habitará confiadamente Y vivirá tranquilo, sin temor del mal.Pr.1:32.*

Reflexión: Cultivar una niñez sana, firme y radiante, es trabajo de todos. Con el fruto obtenido, serán de gran bendición en el camino.

Pastora Sonia

Capítulo 6

JUVENTUD, MUTILADO TESORO

Prosiguiendo con las crónicas de mi vida, cabe señalar que el consejo que este versículo encierra es motivador e inspirante, y a su vez presenta un reto impresionante. La primera que tenía en poco(o en nada) su juventud, era yo. Para mí, llegar a la pubertad fue devastador, me sentía impura, mis palabras estaban cargadas de resentimiento, ira, dolor y debilidad, no creía en nada, ni en nadie, me sentía sin motivación, como muchos jóvenes decepcionados, quería salir

> *Ninguno tenga en poco tu juventud, sino sé ejemplo de los creyentes en palabra, conducta, amor, espíritu, fe y pureza.*
> 1 Timoteo 4:12

huyendo de mi hogar, según mi pensamiento entenebrecido, no podía tener libertad. Por mucho tiempo declaré: "Si tuviera la oportunidad de eliminar una etapa de mi vida escogería la juventud".

El peligro de apresurarnos.

A la edad de catorce años, comencé una relación con un joven cinco años mayor que yo, procedía de un hogar donde había problemas (tal vez tan serios, o más que en el mío), esto trajo como consecuencia que mi madre no lo aceptara, creciendo aún más mi rebeldía, esta posición me impidió ver que era una persona disfuncional, con serios problemas emocionales tan grandes o mayores que los míos. Una familia disfuncional, es una familia en la que los conflictos, la mala conducta y muchas veces el abuso por parte de los miembros individuales, se produce continua y regularmente, lo que lleva a otros miembros a acomodarse a tales acciones, esa era su procedencia. En una ocasión, al ser novios, hice algo que no le gustó y me abofeteó, mis amigas me decían "termina con esa relación, si te pega de novio te mata de casados", en cambio, yo rechacé ese argumento, porque yo estaba convencida de que me amaba, porque me estaba celando y el que cela es porque ama ¡Que ignorancia tan ruin y devastadora!

Mi madre, por su lado, siguió oponiéndose a la relación, hasta el grado de golpearme fuertemente para que terminara con ella, fue tanta la ira que sentía ante aquella oposición y por todo lo mencionado anteriormente, que un día amenacé silenciosamente a mi madre diciendo: "Ya tú vas a ver lo que yo voy a hacer, vas a sufrir y a pagar por todo lo que me has hecho". El sueño de aquella niña de ser cantante y maestra había muerto, ahora era una desertora escolar que iba rumbo a un destino incierto y lastimero. Recuerdo que una noche, preparando una venganza para mi madre, me vestí bien hermosa y le pregunté que cómo me veía, ella me dijo que me veía muy bien, pero en silencio, mientras le mostraba lo que me había puesto, decía: "Esta es mi ropa de desposada, porque me voy a ir con él esta noche y solo verás esto, la ropa que se va a poner tu hija para su boda". Esta errada decisión cargada de ira y venganza e ignorancia, me costó una relación de seis años, donde hubo todo tipo de maltratos: Abusos físicos, emocionales, celos e infidelidad de ambas partes, fuertes miedos al estar siempre sola, en adición en un país frio, que no era el mío. No tuve hijos en esta relación, pero los deseé con toda mi alma, porque pensaba que, si le daba un hijo, todo iba a cambiar. Otra percepción errada, muy común en la etapa de juventud, creer que un hijo va a reparar lo irreparable. Pudieron haberse evitado muchas de las vivencias dadas, si tanto mis padres, como yo, hubiéramos tenido estrategias más apropiadas para manejar nuestra situación y toma de decisiones, definitivamente la historia hubiera sido diferente.

Antes de proseguir con las vivencias de mi juventud, me gustaría puntear, que cuando un joven se aferra a algo que sabemos que puede ser devastador para él o ella, debemos ser muy sabios en la forma de manejar la situación, ya que la actitud de los padres u otras personas envueltas, puede ocasionar que la decisión que éste tome sea digna de lamentar. Ese fue mi caso, por tal razón, quiero hacer un alto en esta narración de vida, para presentar una información básica, la cual puede ayudar a afianzar una mejor relación en esta etapa tan singular como lo es la adolescencia. Además, para ayudarlos a tomar decisiones saludables y más duraderas. Estos consejos, los apliqué tanto con los padres, como con los jóvenes que asistían a las escuelas donde fungí como maestra y consejera escolar por muchos años.

Consejos para tratar con los jóvenes.

1. Escúchelos y comuníquese sin juzgar, ellos expresarán con libertad lo que piensan y lo que sienten. Sea comprensible.

2. Pregunte con moderación, controle el impulso de saber todo lo que siente, planee y piense, demuéstrele su confianza.

3. No esté siempre a la defensiva, cuando ellos hacen generalizaciones o comentarios muy críticos, no los tome personalmente, aprovecha este momento para establecer un diálogo productivo.

4. Hable claro y con propiedad en los temas importantes, como el sexo, la bebida o las drogas, pero

no caiga en el vicio de la repetición y el sermoneo, esto va a cerrar la comunicación.

5. Dialogue de sus propias experiencias en la juventud, de sus victorias y derrotas, ellos no toleran ser siempre el centro de la conversación.

6. Promuevan reuniones familiares, con el fin de fortalecer las relaciones, analicen reglas para una mejor convivencia, llegando a un consenso para establecerla, no olviden que deben cumplirse.

7. Sea afectivo. No quiere decir que, porque hayan crecido, no van a ser merecedores de una caricia o un abrazo, elógielo para así fortalecer su auto estima.

8. Mantenga un balance entre lo que es premiar y tener responsabilidades en el hogar.

9. Enséñele a tomar decisiones, haciéndoles consientes de los pro y los contra de las mismas, es importante que aprendan aceptar las consecuencias de cada opción de vida que ellos elijen.

10. Provéanle tiempo de recreos juntos para minimizar tensiones, los adolescentes necesitan aprender formas que ayuden a manejar su tensión; el disfrutar de un buen tiempo compartido, construye relaciones sólidas y perdurables.

11. La tecnología puede ser indispensable en la vida de un joven, pero monitorear lo que ellos ven constantemente, puede evitar grandes males.

12. Enséñeles la diferencia entre los deseos y las necesidades, vaya persuadiéndolos acerca de la gran verdad que encierra el saber, que la satisfacción

instantánea, no enseña precisamente habilidades para la vida.

Sueños desvanecidos.

Tal vez todo hubiera sido diferente, si estos consejos o este estilo de crianza, hubieran reinado en mi hogar, pero lamentablemente no fue así. Con esto no quiero decir que guardo algún rencor o resentimiento por mis padres, al contrario, mi amor hacia ellos será por siempre. Conocer a mi Señor, me ayudó entender que sus habilidades sociales eran bastante limitadas y con ellas tuvieron que echar adelante a una familia de 14 hijos.

Al huir de mi hogar, mi anhelo de ser cantante y educadora en mi país, se desvanecían detrás de una máquina de producción, en una fábrica donde tenía que trabajar fuertemente, mi perfil de vida tenía una nueva posición, ahora era una desertora escolar. Si había algún hálito de esperanza, de cumplir mis metas y sueños en la vida, se acababa de esfumar. Entendí, al momento de escribir mis vivencias, que el tema de la deserción escolar, además de ser parte de mis experiencias de vida, es un tema muy importante, no solo por ser parte de la labor de un maestro o mayormente el consejero, tampoco por haberla vivido, sino por la gran incidencia de jóvenes que abandonan sus estudios en la actualidad, enfrentando terribles consecuencias.

¿Qué es la deserción escolar?

La deserción escolar, consiste en abandonar los estudios antes de terminar la escuela superior (aunque este fenómeno también sucede en las universidades). Las razones dadas por los expertos en el tema son las siguientes: Faltas de recursos económicos, matrimonios prematuros, problemas emocionales y socioculturales, escape de los hogares por abusos físicos emocionales o sexuales, drogadicción, disfunción familiar, delincuencia, aprendizaje, entre otros. La mayor cantidad de los desertores, viven en hogares divorciados. Por otro lado, es común que padres, que fueron desertores escolares, generen hijos desertores, la falta de trabajo en los padres los coloca en un índice económico bajo el nivel de pobreza, por tal razón tienen que trabajar siendo muy jóvenes, esto trae como consecuencia, trabajos que generan pocos ingresos. Un dato sobresaliente es, que la edad de quince años es la edad promedio para abandonar la escuela según los estudios realizados, aunque los varones tienden a ser desertores primero que las féminas.

Hallazgos.

Estos hallazgos indican, que no es total la responsabilidad del menor por abandonar la escuela, son muchos los factores, pero en la mayoría de los casos, ellos cargan con la culpa y la frustración. Una información ofrecida a este respecto, revela, que el 88.5% de los reincidentes en la población penal adulta, habían sido desertores escolares en la niñez. El 76.4 % de los convictos sin récord previo, también habían abandonado la escuela, antes de completar la escuela superior. En la población del sistema de corrección, identificaron dos terceras partes de los jóvenes entre las edades de 15 a 17 años y de esos, el 85% eran desertores escolares. Por otro lado, un estudio del Departamento de Justicia, en 1996, reveló, que la mayoría de los asesinatos y homicidioscometidos en nuestro país, P.R, son cometidos por jóvenes entre las edades de 16 a 20 años, la gran mayoría de los que cometieron asesinatos y homicidios eran desertores escolares. Los hallazgos a este respecto, indican que no tienen las oportunidades para competir en el mercado de empleos, dicho estudiante obliga al gobierno a tener que invertir fondos públicos en nuevos programas de estudio, que ayuden a estos estudiantes a completar un grado escolar, en adición a eso, la mayor parte de los desertores, permanecen en las filas de desempleo, demandando servicios públicos sin trabajar.

En la actualidad estas estadísticas no han variado mucho. Alarmante y digno de reflexión.

Estrategias que pueden ayudar a la deserción escolar.

Es responsabilidad de todos, que nuestros jóvenes no tengan que recurrir a la deserción escolar y hacer cosas de las que luego tienen que arrepentirse. Los padres juegan un papel de suma importancia a este respecto. Estudios arrojan, que un niño que cursa el tercer grado puede mostrar señales de un futuro desertor escolar, estemos atentos a ellas, luchemos. Conozcamos algunas estrategias que los profesionales en el área proponen.

Es más fácil corregir e instruir, cuando se es niño, que cuando joven,atender el progreso académico y social de los niños, con énfasis en el nivel preescolar y en forma preventiva en los grados en curso, desarrollar un ambiente de comunicación positiva y seguimiento con directores y personal docente, para brindar atención a jóvenes en riesgo. Crear expectativas altas en las áreas de asistencia, aprovechamiento académico y disciplina, brindarle tutorías y adiestramientos en el hogar, suplir necesidades del menor en riesgo, esto lo ayudara en gran manera. Identifique en su comunidad diversos programas para el estudiante en riesgo, o promueva la idea para coordinar uno, si no lo hubiera, refuerce la estima y los valores de sus hijos, aláguele cuando alcance algún logro, no los ridiculicen si no les fue bien, si notas que sus hijos muestran una conducta que propenda al abandono escolar, solicite ayuda profesional, no posponga el resolver sus problemas familiares, busque ayuda, esperar demasiado podría ser fatal, instruye al niño en el camino del Señor, los valores espirituales son de suma relevancia para formar a un individuo integral, motivado y centrado en lo que quiere hacer y ser.

Quiero terminar con esta reseña de la deserción escolar, señalando que, aunque las entidades gubernamentales hagan lo indecible por minimizar esta plaga, el hogar es la base primaria para que esta cifra tan alarmante disminuya. Tenemos que crear conciencia de la necesidad que tenemos de enfrentar este fenómeno, personalmente he preparado programas, he dado talleres y conferencias para contrarrestar esta y otras problemáticas originadas en los hogares, es lamentable que muchos padres no quieran perder un día de trabajo, según ellos, para orientarse en relación a maneras fiables para ayudar a sus hijos en torno al tema, en cambio, es más triste estar, toda una vida visitando las cortes o las cárceles, o peor aún, ser testigos de un doloroso funeral porque sus días culminaron en una vida delictiva, tal vez tú familia no es la mejor, pero es tú familia, Dios te la dio, amala, cuídala, protégela, ¡Dile no a la deserción escolar!

Este tema me apasiona, ya que, al vivirlo, experimenté sus consecuencias y lo que se puede lograr sí se vuelve a creer en uno mismo y retomar lo que se nos perdió en el camino. No fue fácil alcanzarlo inicialmente, ya que, lo apresurado de mis decisiones me hicieron ser parte de esa estadística, pero hoy con orgullo puedo hablarte y motivarte para que tú y tú casa tengan otra perspectiva de vida en relación a metas inconclusas, aunque nos hayamos apresurado en nuestras decisiones de juventud.

Ideas erróneas

El giro que dio mi vida fue drástico, con solo quince años de edad abandone mis estudios para convertirme con todas mis frustraciones y limitaciones, en una joven casada, pensaba que por fin había llegado la felicidad para mi vida, ya no estaba en mi hogar, lo que no sabía era que, por haberme unido a una persona con serias disfunciones, desempleado y con un carácter tanto o más volátil que el mío, estallo la bomba.

Las continuas peleas, las carencias financiera, agresiones físicas, emocionales y verbales eran diarias, me consideraba culpable y merecedora de los problemas que surgían en aquella relación, por ser extremadamente celosa e insegura. Me había convertido en un ser despreciable y odiado por mí misma, no era capaz ni de ser madre, ya que a mí se me adjudicaba la culpabilidad de ser estéril, paradójico, pero estaba convencida de que la única solución para que aquella relación funcionara, era con la llegada de un hijo. Otra frustración para colocarla en mi perfil de vida desgraciada e insípida, aquel estilo de vida estaba llegando a su fin, cuando luego de incontables rupturas y reconciliaciones, terminó aquella relación.

Estragos de una relación

Un día, luego de finalizada esa etapa, estaba viendo una película donde la esposa era víctima de violencia doméstica, sin darme cuenta, comencé a encogerme y a tomar una posición fetal, mis sentimientos fueron de impotencia, temor y llanto, fue ahí que entendí que había sido víctima de violencia doméstica, tanto por las experiencias vividas en mi hogar de formación, como en mi nuevo hogar, entendí que cargaba con las consecuencias que ocasiona esta terrible vivencia.

Si hay algo que defiendo en la actualidad, es la importancia de una relación sana y de respeto. Me indigna grandemente la agresión a la mujer, y muy en especial, la mujer cristiana, ya que esto se da también en estos hogares. Lamentablemente muchos líderes religiosos no saben cómo lidiar con el asunto, o lo ignoran, porque ellos también son agresores.

Deseo por este medio, que rompamos el ciclo de violencia, ya que es un mal que puede traer daños físicos y emocionales, irreversibles tanto para las esposas, esposos, hijos y familia en general, dado a lo pernicioso de esta lacra y las consecuencias sufridas en mis vivencias, considero presentar estas pinceladas en torno al tema.

Reseña de la violencia doméstica.

La violencia doméstica, se refiere a las agresiones físicas, sexuales, o de otra índole, llevadas a cabo reiteradamente por el marido, esposa o compañero consensual, causando daño físico y/o psicológico, entiéndase golpes, bofetadas, empujones, patadas, pellizcos, entre otros. En el ámbito psicológico, insultos, humillaciones, amenazas, menosprecio, además, quebrantando la libertad de la esposa, prohibiéndole salir a algún lugar en específico. Según estudios en línea con el tema, la mujer también puede ser agresora, pero son menos las probabilidades, lo que sí es incuestionable, es que el que vive este calvario, cae en un ciclo devastador.

Ciclo de la violencia domestica

Antes de que surja la realidad violenta, habrá conflictos donde no hay aparente violencia, exigencia de opiniones, control de la vida del otro, no compartir las tareas domésticas, el maltrato, regularmente, se produce de manera consecuente, nominándose, "el ciclo de la violencia doméstica", el cual puede variar en intensidad y duración. Existen 3 fases que desgloso a continuación.

Primera Fase, acumulación o crecimiento de tensión: Las agresiones psicológicas y verbales aumentan, incluso se producen golpes menores. Las víctimas, no creen lo que les está pasando mientras que el agresor aumenta su posición agresiva, se manifiestan los celos y los sentimientos de posesión, creyendo que su conducta es justificada.

Segunda Fase, fase de activación o agresión: Este ciclo se manifiesta mediante un descontrol que no puede frenar ante las agresiones físicas, psicológicas y/o sexuales.

Tercera Fase, Calma o fase de arrepentimiento: Es el momento de arrepentimiento y afecto de parte del agresor o agresora, la victima perdona y cree en la sinceridad del agresor, tendiendo a idealizar su relación con él, luego, el ciclo vuelve a comenzar, con más frecuencia y severidad, dejando a la víctima sin recursos psicológicos para salir de la situación de violencia. Mientras más tiempo persista en la relación abusiva, más difícil será su recuperación.

Secuelas emocionales y físicas del maltrato para la víctima

Las secuelas emocionales más frecuentes que presentan las mujeres víctimas de violencia domestica por parte su cónyuge son: migrañas, trastornos alimenticios, gastrointestinales y del sueño, crisis de llanto y ansiedad, cambios de humor, disminución de la autoestima, depresión y pensamientos suicidas. A medida que el tiempo transcurre, usualmente descuida su aspecto físico y recurre al alcohol o a las drogas, si trabaja, su desempeño laboral puede descender en forma significativa, puede incluso a abandonar su empleo, ya sea por decisión personal o porque su cónyuge se lo prohíbe. La violencia conyugal también ocasiona perturbaciones emocionales severas a los hijos, ocasionando dificultades muy catastróficas e irreversibles en algunos casos.

Como afecta la Violencia domestica a los hijos

Los niños testigos de la violencia doméstica, creen que son culpables por los conflictos que generan sus padres, pueden albergar fuertes sentimientos de frustración y desamparo, comportamiento antisocial y mala conducta en la escuela. Algunos tienden a agredir sus compañeros de clases para adquirir una sensación de poder, mientras otros pueden evitar relaciones completamente. Los Adolescentes, por su parte, tienden a albergar sentimientos de aislamiento al no poder salvar a ser amado agredido, además, pueden crear situaciones con premeditación, para hacerse sentir necesitados y con control. Ellos pueden buscar ser aceptados con temeridad y escaparse utilizando el sexo, o las drogas. Los sentimientos duraderos de culpa, frustración, y temor, al ser testigos de la violencia domestica pueden convertirse en conductas realmente peligrosas. Hijos varones de padres violentos, son 10 veces más propensos a abusar de sus esposas y novias, cuando sean adultos, niños de padres abusivos, tienen una probabilidad de 50% de abusar del alcohol o a las drogas, tienen también, 6 veces más probabilidades de suicidarse. Es aconsejable para toda mujer, que no se apresure en comenzar una relación, sin antes observar detenidamente el modo de conducirse en los sucesos diarios de la vida.

Características de los hombres violentos

Mantienen un sistema de creencias, basado en los mitos culturales acerca de la masculinidad y de la inferioridad de la mujer. Tienen dificultades para expresar sus sentimientos, por considerarlos signo de debilidad, lo cual lleva a que los conflictos sean resueltos violentamente, por no saber hacerlo de otra manera, se encuentran emocionalmente aislados, ya que no cuentan con quién hablar de sus problemas o de sus sentimientos, recurren frecuentemente a justificar su actitud para explicar su conducta violenta, sosteniendo que es la mujer quien los provoca, que no pueden controlarse, o que no saben lo que hacen. Perciben que su autoestima y su poder, se encuentran permanentemente amenazados y, ante la sospecha de la pérdida de control, intentan retomarlo a través de la fuerza. Muestran una actitud externa autoritaria que oculta su debilidad interior, al no reconocer la responsabilidad por sus actos, difícilmente piden ayuda para resolver sus problemas.

Diferencias entre el comportamiento en público y el comportamiento en privado.

Tienen una imagen de persona amistosa o correcta, y esto lleva a que los familiares y vecinos consideren a la mujer exagerada e histérica, esta imagen de hombre respetable se acentúa más si este tiene una profesión como abogado, médico, juez, ministro, entre otras.

Minimizar y negar: Consideran de poca importancia las agresiones a la mujer e incluso las niegan.

Culpar a los demás: Según ellos, es la mujer quien les provoca y quien merece ese trato.

Suelen también manipular a sus hijos e hijas, apareciendo ante ellos como víctima de los caprichos de la mujer.

Detén la violencia domestica

Dios no creo a la mujer para ser maltratada. Si su vida

o las vidas de sus niños se encuentran en inminente peligro, llame a las entidades pertinentes. Si usted no está en peligro inmediato, llame al refugio de violencia doméstica más cercano. No esperes que la desgracia toque la puerta de tu hogar para tomar acción. Entendí, mucho tiempo después, que yo había caído en una relación de maltrato, y que tenía que reconocer y aceptar los síntomas que esto conllevaba para que pudieran ser restaurados. Mi objetivo no es perjudicar a la persona en cuestión, pero para poder resaltar las vivencias que surgieron a raíz de esta experiencia, las tengo que narrar.

Gracias a Dios que pude salir de todas aquellas malformaciones emocionales que generó este terrible mal cuando le conocí, aunque el concepto violencia domestica no está estipulado en la biblia, pude entender que es un acto inadmisible y detestable para Dios, es por eso que quiero compartir tanto con el agresor/a como con el agredido/a lo siguiente.

Datos bíblicos que rechaza la violencia domestica radicalmente.

Cuando observamos los postulados bíblicos en torno a cómo el esposo debe tratar a la esposa, encontraremos una clara desaprobación de parte de Dios en torno a la violencia doméstica. El amor, respeto y cuidado que el esposo debe darle a la esposa, se compara con el amor de Cristo por la iglesia, ese amor fue tan excelso, que dio su vida por ella. Esta comparación proyecta que, esa ayuda idónea que fue creada para el hombre llamada esposa, tiene como propósito primordial ser amada, sin reservas, ni inhibiciones. Ese esposo debe hacer lo inexpresable por ella, o sea, impartirle nueva vida en su etapa de esposa, no aniquilarla emocionalmente, o la matarla a golpes, debe amarla como Cristo amó a la iglesia.

Amarla como Cristo amo a la iglesia: *Ama a tu esposa como Cristo amo a la iglesia y se entregópor ella. Efesios 5:24*

Entrega, hace referencia a la acción y resultado de entregar o entregarse. Es un premio, un pago, dedicación, una ofrenda, es una consagración, sacrificio, renuncia, abnegación, rendición, acatamiento. Eso es lo que Dios establece que el hombre debe hacer y ser para la mujer.

Amarla como a su propio cuerpo: La persona que ama a su cuerpo, tiende a alimentarse adecuadamente, se ejercita, va al médico con regularidad y se consiente. Amarla como a su propio cuerpo implica que, no la herirá ni con el pétalo de una flor, por lo tanto, la agresión física está totalmente prohibida de parte de Dios según estos versículos, porque nadie golpea su propio cuerpo. (A menos que no sufra del trastorno de automutilación, y si ese fuera el caso, es un trastorno que también tiene que ser tratado). *Así también deben amar los maridos a sus mujeres, como a sus propios cuerpos. El que ama a su mujer, a sí mismo se ama Ef 5:28*

No son ásperos con ella. Áspero, es una persona que es rudo, seco, duro, agrio, ácido, arisco, insociable, intratable, esquivo, desabrido, enojoso, brusco, tosco, difícil, distante, violento, severo, rígido y estricto. Todos estos calificativos son manifestaciones de un agresor doméstico, el consejo de Dios ante lo que esta conducta representa es, no practicarla, ya que no es aprobada por Dios, por el contrario, es otra de las manifestaciones de la violencia doméstica. *Maridos, amad a vuestras mujeres, y no seáis ásperos con ellas. Col. 3:19*

Tratarlas con sabiduría, como a vasos más frágiles. Una persona sabia, es poseedora de facultades apropiadas para actuar con sensatez, prudencia o cordura, es una persona culta, ilustrada, es una lumbrera, instruido, leído, muy sabido, educado, inteligente, competente, experto, preparado, y muy entendido, es conocedor, investigador, estudioso, pensador, prudente, cuerdo, juicioso y avisado. La sabiduría no puede habitar entre la violencia doméstica, ya que el sabio razona, no grita, no golpea, más bien, va a tratar a su compañera como un vaso más frágil, la va a tratar a la altura de no permitir que se fragmente o se quebrante por nada, ya que su objetivo primordial de esposo, es protegerla como lo que es, una fémina, más cuando es madre, la cual es la creación más semejante a Dios. Además, coheredaras de la gracia, lo más hermoso es que Dios premia al hombre que no promueve la violencia doméstica, sus oraciones no tendrán estorbo, enseña Él en Su palabra. *Vosotros maridos, igualmente, vivid con ellas sabiamente, dando honor a la mujer como a vaso más frágil, y como a coherederas de la gracia de la vida, para que vuestras oraciones no tengan estorbo. I Pedro 3:7*

Debe ser un buen proveedor. Establecimos anteriormente que, el no suplir las necesidades básicas de la esposa, es otro de los rasgos distintivos de la violencia doméstica, sustentar es proteger, sostener, mantener, alimentar, amparar. El esposo que no provee para el sustento del hogar y el de su esposa, tiene que tener cuidado, ya que la biblia dice que el tal no agrada a Dios, porque se puede tornar en un incrédulo. Un incrédulo es alguien que no cree, el cual arriesga hasta la salvación. No puedo creer a conveniencia, se cree o no se cree. *El que crea y sea bautizado será salvo; pero el que no crea será condenado. Mar.16:16. Porque si alguno no provee para los suyos, y especialmente para los de su casa, niega la fe y es peor que un incrédulo. I.Tim. 5:8*

La esposa debe ser una bendición. La esposa debe ser una bendición, no una maldición. A través de una relación sana y de respeto, no solo se va a sentir amada, valorada y respetada, sino que el que esposo va a alcanzar el bien y la compasión del Señor.
El que haya esposa haya el bien, y alcanza la benevolencia de Jehová. Pr. 18:22.

No cabe duda de lo fundamental que son estos principios bíblicos, para los hogares donde se propaga esta plaga. Es posible que, según tú, tengas sobradas razones para agredir a tu esposa, pero quedó claramente evidenciado que, nada justifica golpear de ninguna manera al ser querido. Mi deseo es que el lector que este viviendo esta lastimera experiencia, sea ministrado por estas palabras, además que puedan disfrutar de la dicha de cumplir muchos años de vida matrimonial, en amor y armonía junto al ser que ama, libre de violencia doméstica.

Reflexión: Consentir la violencia doméstica es una alta traición, con empatía y decisión libraremos a la mujer de tal aberración.

Pastora Sonia

Capítulo 7

DIVORCIO, DESAMPARO EMOCIONAL

Evidentemente, luego de tanta adversidad en una relación totalmente disfuncional y castrante, llegó lo que era de esperarse, un

> *Yo aborrezco el divorcio dice el Señor Dios de Israel.*
> *Malaquías 2:16ᵃ*

divorcio. Nunca podré olvidar aquella funesta etapa, independientemente de todos los lastres vividos. La sensación de vacío y perdida que conlleva un divorcio, solo la puede narrar el que la ha experimentado, con razón dijo El Señor, que aborrece el divorcio.

El divorcio (del latín divortium), se define como la disolución final del matrimonio, mientras que, en un sentido más amplio, se refiere al proceso que tiene como intención dar por terminada una unión conyugal (¡Ojo! Es un proceso). El divorcio trae consigo fuertes sentimientos encontrados, uno de los más marcados es el rechazo, sentimiento que volvía a resurgir en mi vida después de tanto tiempo. Es evidente que el divorcio no está bien visto dentro de los deseos, ni fundamentos bíblicos establecidos por Dios, no cabe duda que cuando Él establece algo en su palabra, sabe por qué lo hace.

Por consiguiente, ya no son dos, sino una sola carne. Por tanto, lo que Dios ha unido, ningún hombre lo separe. Mt. 19:6.

Cada postulado que estableció el Señor en su palabra, va a querer ser bombardeado y derribado por el enemigo, es por eso que el divorcio es un tema tan debatido, además un final de la historia que nadie quiere ver, pero, lastimosamente, es el pan nuestro de cada día. En mi interés por abundar más en torno al tema del divorcio, realicé una investigación cibernética entre amigos y amigas cristianas de algunas partes del mundo que conozco hace tiempo, la muestra que elegí consistía en pastores, evangelistas, adoradores, maestros, e iglesia en general, aunque las preguntas fueron solamente tres, traté de extraer de ellas, la esencia máxima de lo que quería investigar para luego presentártela. A continuación, las preguntas, y los hallazgos de las mismas. Cada una de ellas se contestadas con un Si, No o Poco.

Preguntas investigativas

1. ¿Conoces la situación actual (estadísticamente hablando) en torno al porciento de divorcios existentes en el lugar donde resides?

2. ¿Sabes cuáles son las causas principales en relación a por qué la gente se divorcia?

3. ¿Recibes o impartes información bien estructurada sobre este tema en tu iglesia?

Hallazgos de la investigación

En la primera pregunta, un 33 % de la población cibernética encuestada conoce la situación actual en torno al divorcio en el lugar donde reside, un 63 % no la conoce y un 4% conoce poco del tema. En la segunda pregunta, un 31 % de la población entrevistada conoce las causas principales en relación a por qué la gente se divorcia, un 65 % no la conoce y 4% sabe poco del tema. En la tercera pregunta, un 36 % de los encuestados alegó que, sí recibe información estructurada del tema en su iglesia, un 56 % declaro que no, yun 8% estableció que, poco.

Estos hallazgos son dignos de evaluar con cuidado, y profundizar aún más, ya que éstas respuestas, no fueron obtenidas de personas comunes, que a lo bueno pueden llamar malo y viceversa. Las respuestas fueron obtenidas de hombres y mujeres, ministros cristianos y de un pueblo en general, que sirve a Dios. Veamos a continuación, datos que van en línea con este humilde estudio. Comparemos cuan fidedignas pudieron ser las respuestas, versus los hallazgos y la realidad existente en torno al tema del divorcio, primeramente, en los cristianos.

¿Se divorcian los cristianos? Es doloroso saber que el índice de divorcio entre los cristianos profesos, sea casi tan alto como el de la población no cristiana. Según un estudio realizado por **Barna Group, Ventura, CA**. Un 33% de todos los matrimonios cristianos en Estados Unidos, termina en divorcio. El estudio resalta, que la perspectiva de los creyentes y los no creyentes ante el divorcio, es casi idéntica, ambos grupos ven el divorcio como una solución razonable para las diferencias conyugales.

Hace 35 años, cuando viví esta cruel experiencia, ese modo de pensar me podía parecer lógico, pero luego de servir a un Cristo vivo y de poder, es alarmante ver cuántos hogares están reacios a utilizar las estrategias bíblicas para salvar un matrimonio, aceptar tan fácilmente que sea una solución razonable para las diferencias conyugales. Veamos la realidad de este desastre físico, emocional y espiritual llamado divorcio, tanto en mi país de origen, como en otros países del mundo.

Pastora Sonia

Tasas de casamientos y divorcios en Puerto Rico 2000 -2013

Tasa por cada 1,000 habitantes de 15 años o más de edad

Años	Matrimonios Número	Tasa	Divorcio Número	Tasa
2013	17,014	5.8	12,908	4.4
2012	17,937	6.0	14,325	4.8
2011	17,997	6.0	13,349	4.5
2010	17,786	5.9	13,913	4.6
2009	18,405	5.2	14,703	4.9
2008	18,620	5.2	14,849	5.0
2007	21,613	7.2	15,113	5.1
2006	23,185	7.8	14,826	5.0
2005	23,511	7.9	15,816	5.3
2004	23,650	8.0	15,197	5.1
2003	25,236	8.5	14,225	4.8
2002	25,645	5.0	14,578	5.0
2001	28,598	9.8	13,870	4.7
2000	25,980	8.9	13,621	4.7

Aunque se puede observar una pequeña disminución del porcentaje de divorcio en Puerto Rico en los últimos años, los resultados siguen siendo altos, ya que no ha habido cambios considerables en la actualidad. Veamos otros datos de este alarmante deterioro familiar llamado divorcio, extraído de un estudio realizado por la Universidad de Boston en Estados Unidos. El mismo, evidencia las situaciones dadas, los resultados observados y el porcentaje de personas afectadas.

Estadísticas del divorcio en Estados Unidos

Situación	Resultado	(%)
1. Familias ensambladas o reconstruidas	Se vuelven a casar.	50%
2. Promedio de duración de un matrimonio actual es de siete años	Uno de cada dos, termina en divorcio.	50%
3. Personas que se divorcian y se vuelven a casar	Se separan luego	66%
4. Dos de tres matrimonios de parejas menores de treinta años	Terminan en divorcio	66%
5. Mujeres profesionales que contrajeron matrimonio con un hombre divorciado con hijos.	No me volvería a casar con un hombre que tuviera hijos.	75%
6. Hijos de padres separados son temerosos, agresivos, tienen baja autoestima y presentan dificultades en su comportamiento o desempeño escolar.	Superan satisfactoriamente el divorcio de sus padres.	41%)

Otro dato importante es que 50% de las mujeres y el 30% de los hombres continúa siendo agresivo con su ex pareja después del divorcio.

El divorcio en el mundo

En otros países como en Rusia el divorcio asciende a 51%, mientras que en Francia es del 55% y en Cuba del 56%.Los lugares donde hay menos divorcios, en comparación con otros países en todo el mundo, se encuentran América Latina. Chile con el 3%, en Ecuador el porcentaje de divorcios llega al 20%, en

Guatemala al 5%, en México al 15%, en Panamá al 27%, en Brasil al 21% y en Venezuela al 27%.

El divorcio en Quisquella la bella

Según revela la Oficina Nacional de Estadísticas (ONE) en República Dominicana, en Santo Domingo entre los años 2008 y 2012, se produjeron en el país 87,010 divorcios para un promedio de más de 17 mil separaciones anuales. Dichos hallazgos sitúan al Distrito Nacional, como la jurisdicción con más divorcios con el 22.61 %, seguida por Santiago con 17.66 %, Santo Domingo, en tercero, con 12.24 % y La Vega, en cuarto, con 6.9 %.

Los registros indican que, Julio es el mes en que se produce la mayor cantidad de divorcios en el país, con un promedio de 1,571.4 rupturas por año ¿Qué tendrá julio? Sería prudente conocer más en torno al tema del divorcio en tu localidad, para que unidos, podamos orar y actuar por alternativas viables para los matrimonios. Así se cumplirá la palabra, cuando resalta que, lo que Dios unió, no lo separa el hombre. Observa algunas de las razones más frecuentes por lo cual la gente se divorcia e infiere, si es posible rebasar estos obstáculos con la ayuda de Jesús.

Razones más comunes que ocasionan divorcios

1. Infidelidad	6. Finanzas	9. La personalidad
2. Violencia doméstica	7. Expectativas muy altas	10. Crisis personales
3. Aburrimiento	8. Adicciones	11. Salud Mental
4. Falta de comunicación.	9. Competencia profesional	12. Incompatibilidad de caracteres
5. Hijos	8. Intolerancia	13. Salud física

Pastora Sonia

Enfoque psicológico en torno a las consecuencias de este fenómeno

Entre las emociones más latentes que se pueden evidenciar ante un eminente divorcio, lo son la tristeza o depresión, la misma se origina ante la relación que se ha consumado y por las pérdidas que envuelve, entiéndase sueños, intereses, identidad, amigos, entre otros. El enojo con uno mismo y hacia la pareja, al culparla por la ruptura y del daño que ha causado a la familia, es otro desencadenante evidente en el divorcio. Culpa, rechazo, deseos de venganza, alivio, confusión, ambivalencia, temor, preocupación respecto al futuro, inseguridad por la posibilidad de reconstruir una nueva vida, sentimientos de fracaso, por no haber podido evitar los problemas o salvar el matrimonio, miedo a la soledad y/o a tomar decisiones equivocadas, remordimiento, sobre todo por el dolor causado a otras personas, son otras de las emociones que pueden aflorar ante este terrible episodio de vida, esto sin mencionar los efectos del divorcio en los hijos. La edad que tenga el hijo ante la inevitable eventualidad, debe ser digna de evaluar. A continuación, algunas posibles conductas que pueden presentarse en hijos que viven las abruptas consecuencias de un divorcio.

Efectos del divorcio según la edad de los hijos: De 2 a 6 años: Pueden sentirse culpables por lo sucedido, manifestando dicho sentimiento por no haberse portado bien, temor a quedarse solos y abandonados, conductas regresivas (como volver a orinarse en la cama, chuparse el dedo, querer dormir con el padre), posibles rabietas,

Necesidad de llamar la atención, ansiedad, unión excesiva (normalmente con la madre), sueño alterado y alimentación, pueden presentar dolores de cabeza/estomago, sin ser reales, pueden volverse niños poco emotivos, introvertidos. Los niños de estas edades son los más afectados a corto plazo, pero mejoran eventualmente, pues acaban por olvidar la situación vivida, con mayor facilidad que otras edades.

De 7 a 12 años: No saben cómo reaccionar ante el problema ni al dolor, se frustran tratando de unir a los padres, exteriorizan sus sentimientos con mayor facilidad, discuten o recriminan a los padres por lo sucedido, manipulan y tienden a tomar bandos con papá o con mamá, afloran sentimientos de culpa, conductas de riesgo, baja autoestima, dificultades con sus compañeros, baja tolerancia a la frustración, además, posible agresividad y rendimiento escolar deficiente.

Adolescentes: Sienten miedo, soledad, depresión y culpa. Se afecta su visión al futuro en torno al casamiento, pueden aflorar adicciones como el alcohol y drogas, promiscuidad, tener relaciones inestables (mayormente las chicas), presentan impulsividad y poca capacidad para la resolución de conflictos, conductas delictivas, baja autoestima, agresividad, poca tolerancia a la frustración y deserción escolar.

El divorcio les enseña a ser desconfiados, perdiendo el valor del amor y la lealtad, también, puede haber inversión de roles, o sea, los hijos pueden acabar haciendo las tareas de alguno de los padres, esta acción se puede asociar con ansiedad y depresión, pueden empeorar pasados 18 meses, si no son tratados.

Estas heridas hay que enfrentarlas y sanarlas, de no ser así, es posible que hayan pasado años del divorcio y todavía se estén arrastrando las consecuencias de esta plaga, que toca tanto al cristiano, como al que no le sirve a Dios. Recuerda, nosotros envejecemos, pero las emociones no sanadas, están tan vigentes como el primer día. Nuestro socorro está en el Señor Jesús, que tiene una palabra poderosa para ayudar a combatir esta alarmante epidemia.

Perspectivas bíblicas en relación al divorcio

Porque yo detesto el divorcio dice el Señor, Dios de Israel. Malaquías 2:16.

Mencioné anteriormente, que el tema del divorcio puede ser muy controvertido y polémico, además de ser un tema que hay que tratar con la seriedad y la pericia que requiere. Existen entidades religiosas en la actualidad que no permiten a un hombre divorciado, fungir como pastor en su ministerio, por lo que estipula la biblia al respecto. Por otro lado, no me considero la persona más idónea ni diestra para tratar el mismo, por mi vivencia en torno a él, así que solo quiero exponer mi humilde opinión de lo que he aprendido del tema a través de mis años como consejera matrimonial y de familia y por lo que dice la palabra de Dios.

¿Mi objetivo? Poder arrojar luz a beneficio de las vidas matrimoniales que están enfrentando conflictos que, de no ser enfrentados con prontitud y diligencia, podrían desembocar en un inminente divorcio. Todo es posible si puedes creer. Comencé el razonamiento de este capítulo señalando que, para Dios, el divorcio es algo detestable. **Detestar**, se define como algo que, por su maldad, produce repugnancia y rechazo. **Aborrecer**, es abominar, censurar u oponerse. Ciertamente que todo lo que provoque todos estos sentimientos a Dios, están a la orden del día para el enemigo

¿Su fin? Seguir haciendo daño contradiciendo al Señor y lacerar la vida de la humanidad para que se sienta derrotada. Veamos los orígenes bíblicos del concepto.

Jesús y el divorcio: "Le dijeron: ¿Por qué, pues, mandó Moisés dar carta de divorcio, y repudiarla? Él les dijo: Por la dureza de vuestro corazón Moisés os permitió repudiar a vuestras mujeres; mas al principio no fue así. *Y yo os digo que cualquiera que repudia a su mujer, salvo por causa de fornicación, y se casa con otra, adultera; y el que se casa con la repudiada, adultera*". Mt. 19: 7-9. Aunque sabemos que esta pregunta era capciosa, para una vez más encarcelar a Jesús.

Él nunca les dijo a los que le cuestionaban acerca del divorcio que era permitido, sólo les dijo que, si era cierto que Moisés lo había permitido, pero no era porque Dios lo dijera, sino porque ellos eran tercos y obstinados.

En otras palabras, eran personas que no cambiaban su actitud o parecer, aunque hubiera argumentos convincentes en su contra. Otros términos que definirían muy bien, lo son: Voluntarioso, obstinado, porfiado, insistente, ciego o empecinado. Por esa razón, Moisés lo aprobó.

Cuando vemos el divorcio hoy en día, en ocasiones se puede decir que se repite en una de las partes, o ambas, la terquedad u obstinación y prefieren la separación, que luchar por el mismo. En realidad, según la palabra de Dios, sí hay permiso para el divorcio, y es solo por causa de fornicación o adulterio. Jesús dijo que cualquiera que repudia a su mujer, por causa de fornicación, y se casa con otra, adultera; y el que se casa con la repudiada, adultera también. Podemos ver en este versículo bíblico que, en realidad el divorcio está condicionado por causa de fornicación y adulterio.

La fornicación: (del latín: fornicari) Significa tener relaciones sexuales con una prostituta, deriva de: Fornix, zona abovedada donde habitualmente se apostaban las prostitutas romanas. Burdel es un término usado en referencia a la relación sexual fuera del ámbito matrimonial, es decir, aquella relación sexual que se da entre dos personas que no están unidas por este vínculo conyugal, aunque no es así en la actualidad, ya que cualquier relación sexual extra marital se considera adulterio.

En cuanto a si se puede volver a casar después del divorcio, Jesús estableció lo siguiente: *Si alguien se divorcia por otra causa que no sea el adulterio y la fornicación, y se casa con otra u otro, está adulterando. Mateo 5:32*

Es evidente que no es permitido para un hijo e hija de Dios, el vivir en fornicación, pero si alguien que fue engañado por su cónyuge, sí puede divorciarse, sí él o ella quiere, además, puede volver a rehacer su vida si así lo decide, pero es bien claro lo que dice Jesús en cuanto a esto, "por causa de fornicación", de otra manera, no es permitido, porque entonces van a estar en adulterio.

Lo que dijo Moisés

Cuando alguno tomare mujer y se casare con ella, si no le agradare por haber hallado en ella alguna cosa indecente, le escribirá carta de divorcio, y se la entregará en su mano, y la despedirá de su casa. Dt. 24:1 Una indecencia se define como algo que está en contra de las normas morales establecidas, especialmente las de carácter   sexual, aplica claramente a la persona que se comporta de una manera contraria a la justicia, a la verdad y al honor.

Es alguien indecoroso, impúdico, inmoral, deshonesto, desvergonzado, vergonzoso, grosero, improcedente, abusivo, vil, entre otros. Esto aplica a la mujer, pero el hombre también era reo de muerte cuando adulteraba según Levítico. *Si un hombre cometiere adulterio con la mujer de su prójimo, el adúltero y la adúltera indefectiblemente serán muertos. Lv. 20:10*

Jesús fue más rígido al respecto cuando dijo: Pero yo os digo que cualquiera que mira a una mujer para codiciarla, ya adulteró con ella en su corazón.
Mateo 5:28

Percepción de Pablo

Honroso sea en todos, el matrimonio, y el lecho sin mancilla; pero a los fornicarios y a los adúlteros los juzgará Dios. Hebreos 13:14.

Esta es mi esperanza, y debe ser la esperanza de los que alguna vez se divorciaron o adulteraron. Que sea Dios a través del sacrificio vicario de Jesús en el calvario, el que me juzgue y perdone dicho pecado, ya que si nos hemos arrepentido de nuestros pecados, abogado tenemos para que defienda la causa de todos los divorciados en el nombre de Jesús. No podemos olvidar lo que dice su palabra.

De cierto os digo que todos los pecados serán perdonados a los hijos de los hombres, y las blasfemias cualesquiera que sean; pero cualquiera que blasfeme contra el Espíritu Santo, no tiene jamás perdón, sino que es reo de juicio eterno. Marcos 3:28-29.

Por lo tanto, ya no hay ninguna condenación para los que están unidos a Cristo Jesús, pues por medio de él la ley del Espíritu de vida me ha liberado de la ley del pecado y de la muerte. Ro. 8:1-2

Pidamos perdón y misericordia a nuestro Señor, por todos los pecados que hemos cometido incluyendo el adulterio y por todo lo que nos condujo al divorcio, creamos con excelsa fe que no hay ninguna condenación para los que estamos unidos a Cristo Jesús

¡A mi Señor sea la gloria!

Reflexión: El divorcio puede acarrear desolación emocional, pero a través de Jesús, la podemos restaurar.

Pastora Sonia

Capítulo 8

ESTIGMA DE LA MADRE SOLTERA

Padre de huérfanos y defensor de viudas, es Dios en su santa morada. Salmo 68:5

Continuando con mis vivencias restauradas por Dios, no puedo pasar por alto hablarte de otro tema tan esencial y controversial como los anteriores. Me refiero al estigma de la madre soltera.

Porque tu marido es tu Hacedor; Jehová de los ejércitos es su nombre; y tu Redentor, el Santo de Israel; Dios de toda la tierra será llamado.
Isaias.54:5

Estigma, se define como marca o una señal en el cuerpo, especialmente la impuesta con un hierro candente, como signo de esclavitud o de infamia.

Entendí que este concepto fue el más idóneo que pude encontrar para desarrollar el tema del "Estigma de la madre soltera", por lo candente e inverosímil que puede ser. Este capítulo presenta, uno de los grandes temas que quise evadir en mis experiencias de vida ¿Las razones? Obviamente, por las implicaciones morales, emocionales y espirituales que conllevaban tanto para mí, como para mi hija. Pero entendí que obviarlo, sería mentirme a mí misma y aceptar que esta etapa de mi vida no estaba resuelta ante la presencia de Dios en todos los aspectos, por otro lado, sé que muchas madres solteras van a ser edificadas con estas vivencias.

Aceptar y entender el contenido que encierran los versículos que encabezan este capítulo, me dieron fuerzas para escribirlo y para entender, que ni la madre soltera, ni su descendencia están solas. Podría comenzar señalando que, a pesar de todos los cambios surgidos en la humanidad a través de los tiempos, algunas culturas todavía estigmatizan a las madres solteras, por el status social que estas representan. Preguntarle a una madre soltera, si alguna vez se sintió discriminada por serlo, es una respuesta que probablemente sea sí. Dada a las continuas recriminaciones, por no poder ser madre en mi juventud, me había creado la idea de que jamás lo seria, al sentir que no servía ni para ser madre, nunca pensé que pudiera llegar a serlo, y menos ser una madre soltera ¿Cómo enfrentar a mi familia, a mis amigos y a mi comunidad ante esta nueva vivencia tan embarazosa? Me sentía totalmente desprovista, sin rumbo, avergonzada, luego entendí por qué. No estoy diciendo que ser una madre soltera es algo vergonzoso, pero sí es un sentimiento que puede surgir ante la vivencia inesperada, sin obviar la realidad emocional física y social, que se enfrenta ante el reto de vivir un embarazo sin un esposo.

Posibles razones

Existen varias razones por las cuales este fenómeno se puede dar, quizás un embarazo no planeado, un padre que evade la responsabilidad y huye, otra posible razón puede ser una enfermedad, un accidente, muerte, decisión propia o la unión con un hombre casado, entre otras. Cualquiera que sea la causa, es un episodio difícil en la vida de cualquier mujer, por tanto, hay que trabajarlo con la entereza y dedicación que amerita. La sobrecarga espiritual, emocional y física que esta vivencia trae consigo, es una de las secuelas evidentes más desesperantes que vive la madre soltera. El tener que asumir las funciones domésticas, educativas, económicas y a esto se suma, no tener con quien compartir la nueva eventualidad, acrecienta la situación ya existente.

"¿Qué voy a hacer?" Es una de las primeras preguntas que martillan la cabeza de la madre soltera. Les había compartido anteriormente, las ruinas que poseía mi baja autoestima, esta vivencia la empeoró, a tal

grado que pensé terminar con el embarazo o huir.
Había perdido toda motivación y esperanza de vida.
Quiero compartir con contigo amado lector/a, no
solo, como me afectó esta vivencia, sino los hallazgos
que hice a través del tiempo. Dichos datos explicaban
y justificaban claramente lo que estaba sintiendo.
Antes continuar con mis vivencias, quiero dedicar este
capítulo a toda mujer y hombre que está pasando por
esta experiencia, o que la vivió en alguna etapa de tu
vida y que está criando hijos, sin su padre o madre
biológico. Mis respetos y admiración.

Como se afecta la madre soltera

Resalto que dicha eventualidad puede acarrear
fuertes cambios físicos, espirituales y emocionales.
Las madres solteras se pueden afectar aún más, cuando
son madres inexpertas o muy jóvenes, esta vivencia
puede ocasionar que se aísle de la familia o amistades.
Otro factor ineludible, puede ser la variación de sus
planes de vida, muchas madres solteras jóvenes,
tienen que dejar sus estudios (como fue mi caso), e
incluso buscar trabajo sin contar con la preparación y
experiencia adecuada. Las nuevas responsabilidades,
pueden ocasionar que no se utilice o disfrute del
tiempo como antes. Otra presión que puede presentar
la madre soltera es el reclamo de la familia ante sus
propias decisiones, esto sucede cuando las madres
solteras jóvenes, se ven precisadas a depender de su
familia, al no existir ningún compromiso de parte
del padre biológico de su criatura. Al ser así, se ven

forzadas a obedecer las órdenes que les impongan sus padres, debido a que ellos sustentan tanto a la madre soltera, como a la criatura, provocando enojo y mayor frustración en la madre. Cualquiera que sea la razón Dios tiene una salida no estás sola.

Sentimientos asociados

El laberinto emocional que surge a través de esta vivencia, puede desembocar en un sin número de sentimientos encontrados, entiéndase culpabilidad, rechazo, autoestima baja, depresión y temor, por haber quedado embarazada. Perciben rechazo, primeramente, por parte del padre biológico, además en su relación con personas, instituciones, familia, entre otros. Es posible que los demás no las rechacen, pero, aunque no quieran, se sienten así. Todos estos sentimientos pueden afectar tanto a la a la madre, como a la criatura que lleva en su vientre. Es una etapa muy difícil, la cual debe enfrentarse con mucha sabiduría. De no ser así, es posible que, ante la desesperación, económica, afectiva y social, pueda acarrear situaciones peores, entiéndase maltrato, abuso y explotación o incurrir a una nueva relación disfuncional, que, en vez de ayudarla, empeorará su situación. Les compartiré algunos consejos recomendables para enfrentar adecuadamente la eventualidad de ser una madre soltera, los mismos no solo fueron útiles para mí, sino que aún los utilizo cuando intervengo con esta población en la actualidad.

Pastora Sonia

Consejos fiables para las madres solteras

Debe asumir y desempeñar sus responsabilidades, siendo consciente de sus limitaciones físicas y emocionales y evitar sobrecargarse. Buscar apoyo y ayuda en personas que la quieran, delegando responsabilidades de ser necesario es muy saludable. Pueden a su vez, buscar ayuda en amigos, en organizaciones, en grupos de apoyo que involucren a otras madres solteras y que puedan culturizarse leyendo y estudiando material apropiado sobre el tema. La soledad y el exceso de pensamientos, pueden ser dañinos para enfrentar el proceso.

Se requiere de ayuda emocional y espiritual para lidiar con el evento. Debe aprender a descartar los pensamientos que le hagan daño, evaluarse esporádicamente, para ver como su vivencia le puede estar afectando. Puede ser muy positivo, además es básico y sano adquirir destrezas sociales que le ayuden a enfrentar y trabajar la autoestima, vergüenza, temor, rechazo, ira, estrés o cualquier otro sentimiento u emoción asociado con su vivencia. Debe dedicar tiempo para reconfortar y vivificar su ánimo. Es aconsejable salir y divertirse, pero hacerlo únicamente pensando en usted y en el bebé, el arreglo personal también es importante, debe verse bien para sentirse bien. Piense a corto o a largo plazo en retomar sus metas, además de ayudarle el hecho de tener la mente ocupada, percibirá un futuro con una mejor economía, tanto para la madre, como para la criatura en camino o para la que ya está presente. Sobre todo, invite a Jesús a estar presente en su nueva vivencia, Él tiene cuidado de la madre soltera y la ayudará.

Estadística alarmante

Al indagar en torno al tema de la madre soltera, aprendí que este fenómeno era más abarcador a nivel mundial de lo que yo creía, esto no me alegró, pero sí me motivo a seguir hacia adelante sin desmayar, ya que inferí, más concienzudamente, que yo no era la única. Fue impresionante conocer que de 25 a 30 por ciento de las jóvenes embarazadas en el globo terráqueo, son madres solteras, en la gran mayoría de los casos, el padre se tornó desertor, tanto a nivel físico, emocional y para variar financieramente.

El padre desertor, para que conste

No estoy justificando al padre que abandona a la madre y a su responsabilidad ante un embarazo, pero si sería factible conocer la otra cara de la moneda. Esta información ayudará, no solo para comprender un poco la situación emocional que existe en torno al padre desertor, sino también puede ser un argumento fiable para usarlo cuando los hijos más jóvenes, o los hijos en general, comienzan con sus cuestionamientos en relación a su padre. Cuando el hombre soltero se entera que va a ser padre, puede mostrar de inmediato el siguiente cuadro: Sentimiento de culpa, oposición, miedos, rechazo repentino a la responsabilidad, indiferencia y pensamientos suicidas. Piensan que están muy jóvenes para tal responsabilidad, huyen de cualquier proposición que se les haga en torno al matrimonio, estas reacciones lógicas, pero negativas, comúnmente son apoyadas por familiares o amigos, encontrando así múltiples pretextos para no afrontar su responsabilidad. Una de las reacciones más comunes que se observa en el padre desertor al momento de encarar su realidad, es huir.

Preocupación justificada

En mi afán de seguir buscando respuestas y soluciones para mi nuevo estatus de madre soltera, generé muchas preguntas que, solo ocasionaban fuertes tensiones. Una de ella era cuándo mi hija creciera ¿Que iba a hacer? ¿Le diría la verdad sobre su origen o se lo ocultaría? Era una preocupación genuina, pero precipitada, todavía no había nacido. Pero existían fuertes temores y prejuicios al respecto, que la sociedad desde tiempos remotos ya había trazado. Es evidente que, en tiempos pasados, el momento de decirle al niño que es hijo de una madre soltera, no tenía fecha, más bien, en muchos casos, se ocultaba el hecho para siempre, por ser considerado una afrenta. Algunos niños/as crecían creyendo que eran hijos de sus abuelos, de algún otro familiar o que su padre había muerto. Cualquier excusa era buena con el fin de ocultar la verdad de su origen y salir airosos ante la vergonzosa y dolorosa pena que encierra la confrontación.

Cómo y cuándo hablarle a mi hijo/a sobre su origen

Pues no hay nada oculto que no haya de ser manifiesto, ni secreto que no haya de ser conocido y salga a la luz. Lc. 8:17

No nos engañemos, ni engañemos a nadie, la biblia no puede mentir, todo sale a la luz y el día lo declara. Quiero dejar establecido, que es opción de cada progenitor decirle la verdad de su origen a su hijo, esa decisión debe recaer sobre cada padre o madre, según sea el caso, lo que si reitero es que, ocultar la verdad puede propiciar mentiras tras mentiras, para ocultar lo sucedido, provocando que la situación empeore. Ya la biblia lo estableció, que todo algún día se va a saber. Es preferible hablar a temprana edad (con el conocimiento necesario y ayuda profesional, si se requiere), por ejemplo: consejeros, trabajadores sociales, pastores de la comunidad, entre otros. Tener que enfrentar la ruina emocional de los hijos al saber que vivieron engañados toda la vida, es mucho peor. Saber la verdad, llevará a que el niño/a asuma su realidad, tomándola con mayor naturalidad. Estas recomendaciones te pueden ayudar.

Datos relevantes

El momento de hablar con el hijo/a en relación a su origen, va a depender de la edad y el nivel de curiosidad que tenga el menor, además debemos estar muy centrados en el objetivo en relación a

Pastora Sonia

lo que vamos a hacer. Decirle su procedencia con sabiduría, sin resentimiento o coraje con la persona que fue parte de esta historia, es fundamental y viable para que existan resultados favorables.   El ser una madre relajada y centrada, provocará salud emocional en la vida de su hermoso hijo/a, aunque esté dolida con el padre biológico, la salud emocional del menor se lo agradecerá. Estas estrategias me ayudaron en el día oscuro de mi vida. No es prudente delegar esta responsabilidad a otros, no quiere decir que un familiar o personal de apoyo esté presente al momento de compartir la información, pero el protagonista principal debe ser mamá y/o papá, de acuerdo al caso. Si decides hacerlo, éstas recomendaciones pueden ser de utilidad, tanto para la madre soltera, como para algún familiar que esté involucrado en el proceso de ayuda con el menor.

Hijos en edad preescolar: Para un niño/a de preescolar, no es necesario darle muchos detalles, le puedes decir que existen muchos tipos de familias y que la suya es aquella la cual reside con la madre o el padre biológico, el uso de imágenes de diversas familias que se pueden encontrar en libros o en el internet, pueden ser efectivo para este cometido. Cuando ya la madre tiene un esposo, poco a poco se puede trabajar con la integración del padrastro, el cual puede ser de gran ayuda si se trabaja de manera sabia. Madre soltera, toma un tiempo de calidad para enfrentar esta etapa del origen de tu hijo/a es fundamental para su desarrollo integral, su desarrollo emocional y espiritual. Ahora tienes un nuevo ser que necesita ser amado, valorado y dirigido de manera sabia.

Hijos en escuela elemental: En relación a los hijos cuando están en la escuela elemental y queremos hablarles del tema o darles seguimiento, es muy diferente. Ellos requerirán un poco más de detalles, cómo, por ejemplo, saber quién es su padre, cómo es, dónde está, entre otras cosas. Esas curiosidades deben ser saciadas con mucho amor y respeto, es fundamental reforzar su estima y su confianza cuando se le hable del tema.

Se les debe decir que estarán bien cuidados y amados, independientemente de que su progenitor/a esté o no presente.

Hijos adolescentes: Los hijos adolescentes requieren mayor cuidado al momento de darles respuestas, pueden sentirse engañados por que le mintieron por demasiado tiempo, y más terrible aún, pueden tomar un camino errado al no poder lidiar con la información recibida. Se debe dejar bien claro que su familia posee la peculiaridad de provenir de una familia donde su primogenitora es madre soltera y que juntos podrán enfrentar esta eventualidad, una vez más, no se debe hablar mal del padre, y en la medida que sea posible referirse a él, que sea de forma amable o respetuosa. Tal vez vaya a requerir de un profesional de la salud (aunque en cada etapa se debe tomar en cuenta), de acuerdo a los cambios emocionales y conductuales que observemos en ellos. Compartir esta información con los recursos escolares apropiados, puede ser positivo, ya que podrán estar en contacto y trabajar juntos cualquier cambio que presente el hijo/a.

Mi propia experiencia: Para el tiempo de mi embarazo, ya había comenzado a estudiar a tiempo completo como educadora de niños en la universidad. Ciertamente, una vez más abandone los estudios, pero por poco tiempo en esta ocasión, recuerdo querer poner en práctica parte de aquel conocimiento adquirido en mis clases de pedagogía, para trabajar con mi situación personal, aprendí y entendí, que hablarles la verdad a temprana edad era saludable (si se hace con la pericia requerida), además que podía hablarle del tema, pero no con lujo de detalles (a menos que ella me preguntara), o sea, mis argumentos iban a fluir de acuerdo a las interrogantes que tuviera mi hija. Utilicé cuentos de familias (entre ellas de madres solteras), comencé ocasionalmente, desde que tenía alrededor de dos años, sin prisa, pero sin pausa. Cuando le hable a mi hija de su origen, ya estaba más identificada con la situación, no podemos olvidar que se requiere amor, tiempo y paciencia para instruir. Recuerdo que conocí un caso, de una jovencita que desconocía que sus padres en realidad no lo eran, todos conocían esa verdad, menos ella. Un día, otra amiguita, molesta por alguna situación de niñas, se disgustó con ella y le dijo, cruelmente, que sus padres no eran en realidad sus verdaderos padres, el daño emocional y conductual que esta abrupta verdad ocasionó en la vida de aquella jovencita, dejó huella muy dolorosa. Yo no quería que mi hija sufriera un daño similar al que tanto marcó aquella jovencita, por el simple hecho de no enfrentar la realidad de mi vivencia.

Aplicando lo que enseñé

Existe un dato que quiero resaltar en estas vivencias, se trata de los resultados de aquellos cuentos y estrategias, que tenían como objetivo, hablar con la verdad y desarrollar en mi hija un ser integral, lo más saludable posible. Una tarde luego de ocho largos años apareció el padre biológico de mi hija, con una hermanita menor, en la casa de mi madre, su fin era conocerla. Yo me había casado y tenía dos hijos más, a mi esposo no le pareció prudente la idea, ya que había pasado mucho tiempo y ella veía a mi esposo como su padre, además, temía que esa vivencia le hiciera daño a nuestra hija, le pedí que me permitiera compartirlo con hija, aunque solo tenía ocho años, quería conocer su opinión y su deseo. No quería en mi record de vida un inciso que dijera: "prohibí a mi hija conocer a su padre biológico". Mi esposo estuvo de acuerdo. Me dirigí a mi hija y le dije: "Nena, ¿Te acuerdas los cuentos que te había dicho, donde existían diferentes familias y que había una que tenía un padre biológico que no vivía con la niña, como tu caso? Si, use el concepto de padre biológico, porque, aunque los niños no conozcan la definición de los términos cuando se les presentan, con el uso apropiado lo conocerán, además ampliarán su vocabulario. No olvidemos que las cosas se deben llamar por su nombre.

Hay que usar las palabras adecuadas, no debemos usar adjetivos denigrantes al referirnos a la otra persona en cuestión, aunque los demás se lo merezcan, nuestros hijos no. La respuesta de mi hija fue casi instantánea, me dijo: "Sí mami, lo recuerdo", le dije: "Él está en la casa de tu abuela y te quiere conocer ¿Tú lo quieres conocer?" Y me respondió: "Sí".

Además de tener, desde ese día, hasta el día de hoy, una relación saludable con su padre biológico, la tiene con sus demás hermanos y la familia en general, aunque el amor de padre, la cubierta, el respeto y el apellido lo recibió de mi esposo, mi hija creció sana y libre de los trastornos que pueden surgir por haber provenido de una madre soltera, hoy esa niña es toda una mujer, madre, cantante y conferencista cristiana, además psicóloga y trabaja en una escuela de Estados Unidos ayudando a familias americanas, inmigrantes y otros casos que requieran de su preparación. Agradezco a mi Dios que, sin conocerlo, me ayudó en esta difícil etapa y los frutos hablan por sí solos. Ciertamente Dios tiene en cuenta a la madre soltera. *Y sabemos que a los que aman a Dios, todas las cosas les ayudan a bien, esto es a los que conforme a su propósito son llamados".* *Romanos 8:28*

Todas las cosas fueron creadas por Dios, según su autoridad y sabiduría, todo pasa por su filtro con un propósito en particular. Desde que le di mi vida a Jesús, adopté este versículo como uno de mis favoritos, fue maravilloso saber que, más que vivir en una eterna condenación, El Señor me enseñaba en su palabra, que buscara el bien, en todo lo positivo y negativo que había vivido. Conocer que todo iba a obrar para bien, me libro de un gran peso, muy contrario a todo el juicio y condenación que albergaba mi alma por mis cruentas vivencias. Cuando pasan momentos difíciles en mi vida, suelo decirle al Señor: "Muéstrame el bien de todo esto", su amor y misericordia enseguida se ponen al descubierto.

El amor de Dios

Existen en la biblia muchos ejemplos de interacción tierna entre Dios y algunas mujeres que son madres y no tienen un esposo a su lado, estos ejemplos y el amor de Dios para cada una de ellas, son aplicables tanto en la madre soltera, la viuda y la divorciada, como en la repudiada. Es evidente que, en la biblia, el estatus de una viuda es diferente al de una mujer soltera, divorciada o repudiada, pero hay una gran similitud en cada una de ellas, sus compañeros no están. Veamos estos términos en detalle.

Viuda: Una mujer cuyo cónyuge ha muerto y no ha vuelto a casarse.

Madre soltera: Mujer que lleva a cabo la crianza de

los hijos y el manejo del hogar, sin la compañía o apoyo de un esposo y no ha estado casada, esto por decisión propia o circunstancias de su entorno.

Divorcio: Acción de disolver legalmente un matrimonio, en el cual, cada parte involucrada, vive separada y regida de acuerdo determinaciones acordadas.

Mujer repudiada: Mujer que ha sido rechazada o desechada, reprobada o censurada por su marido, familia, la sociedad, entre otros. Se considera abominable, desestimada, despreciada, apartada o excluida. ¿Cuál es la similitud en cada una de ellas? Repito, todas siguen por la vida sin el hombre que un día las hizo madres.

Refiriéndome a las que si lo fueron, las razones pueden variar, pero todas coinciden en que es uno de los tipos de familia mono parental, o sea, que cuenta con un solo padre, en estos casos, la madre. El amor y consuelo más indescriptible que tiene nuestro Señor ante esta debacle emocional y espiritual para la mujer, lo encontramos fielmente en su palabra. *Porque como a mujer abandonada y afligida de espíritu, Te ha llamado el Señor, Y como a esposa de la juventud que es repudiada, Dice tu Dios. Por un breve momento te abandoné, Pero con gran compasión te recogeré. Isaías 54:6-7*

Es evidente que Dios conoce el valle de sombra que has pasado, pero en Su infinita bondad y misericordia, nos llena de Su gracia, ofreciendo Su ayuda y consuelo.

No es desconocido para Dios que, fuiste abandonada, repudiada y afligida de espíritu, lo importante es que te llama, y si te llama, es porque sabe que estás ahí. Aunque para otras personas no estés, incluyendo el padre de tu hijo/a, para Dios sí, Él declara: "con gran compasión te recogeré".

Él derramará sobre ti su piedad, misericordia, su clemencia, su caridad y perdón. No es tiempo de deteneros a mirar el trauma vivido, es tiempo de ver lo que Dios nos tiene preparado a través de esta dolorosa vivencia, confía, sacúdete la ansiedad que generó tu vivencia, deposítala en los brazos de Jesús, y tórnala en bendiciones.

Él tiene cuidado de ti. Echando toda vuestra ansiedad sobre él, porque él tiene cuidado de vosotros.1 Pedro. 5:7.

Para mí era imposible pensar, que luego de tantas vivencias dolorosas, Dios me pudiera perdonar, sanar y restaurar para bendecir a tantas personas que vivieron experiencias como las mías. En Su palabra, encontré un caudal de bendición para aplicar a mi vida y para luego transmitirlas a su pueblo, quiero compartir lo que encontré y apliqué en Su palabra, para no sentirme como mujer repudiada, sino como mujer bendecida. Cuando Jesús me recogió, me mimo y me amó. El primer paso que di, luego de aceptarlo como mi salvador y sanador, fue creer, todo es posible si puedes creer, la promesa de bendición sería para mí y mi casa en este orden. Te compartiré lo que comencé a recibir de parte de Dios para mi vida, para la madre soltera que cree y su simiente. *Cree en el Señor Jesucristo, y serás salvo, tú y tu casa. Hechos 16:31*

Mujeres solteras en la biblia

Hemos establecido, independientemente que la mujer sea viuda divorciada, repudiada o madre soltera, todas o casi todas, tienen la peculiaridad de estar criando sus hijos sin el padre biológico. Veamos detenidamente estos ejemplos bíblicos, sus causas y efectos, y como la gracia y misericordia de Dios se depositó en cada una de ellas con amor inefable para socorrerla.

Agar: La biblia relata en Génesis, capítulo 21, la historia de Agar. Era una mujer esclava de Egipto, la cual vivía lejos de su tierra y su parentela, ella tuvo un hijo llamado Ismael con Abraham, por la razón que haya sido y quien haya dado la orden, en este momento es irrelevante. El caso es que, ella fue expulsada con su hijo de la casa donde vivía ¿La razón? Los fuertes conflictos intrafamiliares, por lo difícil que era la convivencia entre sus componentes. El origen de Ismael pesaba mucho para cualquier familia, por tal razón, se tenían que marchar, solo llevaba para ese viaje sin destino, ni regreso, pan, un odre de agua, y a su hijo. Anduvo errante por el desierto, en su desierto físico y emocional, le faltó el agua del odre. (No dice que se le termino el pan, pero me imagino que también) No podemos olvidar que, una de las dificultades más difíciles que una mujer soltera puede enfrentar, es la escasez. Ante tal desaliento y pérdida de toda esperanza de vida, la palabra reseña que, Agar echó al muchacho debajo de un árbol; y se sentó enfrente, alejándose probablemente entre 100 a 150 metros. Era tan grande el dolor ante la aflicción de su hijo y la propia, que no tenía fuerzas para tomarlo en su regazo y consolarlo cuando sabía que iba a morir, la biblia registra que alzó su voz y lloró, y oyó Dios la voz del muchacho que lloraba. (¿Quién lloró? ¿Agar o Ismael? Para mí los dos, Ismael por el hambre física, y Agar, por el dolor que vive una mujer soltera cuando no sabe cómo sustentar la necesidad de su hijo que emite el llanto que amenaza muerte)

Hay muchas cosas difíciles para una madre, pero nada más doloroso que ver morir a un hijo. Es aquí, cuando estamos al borde de morir clamando y llorando para que entre a escena nuestro Señor Jesús, al rescate de una madre. *Clama a mí, y yo te responderé, y te enseñaré cosas grandes y ocultas que tú no conoces. Jeremías 33:3*

No podemos ignorar en este proceso que, por más difícil que sea la situación, el Señor oye y responde. Como mujer abandonada y afligida de espíritu, te ha llamado el Señor. ¿Que hizo el ángel de Dios? Llamó a Agar desde el cielo, ¿Qué le dijo? -"¿Qué tienes Agar?" ¿Qué tienes María, Carmen, Lourdes? Cualquiera que sea tu nombre, amada mujer soltera o amado hombre soltero, que estas a cargo de la crianza de tu hijo/a. ¿Qué tienes?¡Clama! ¡Llora! Sentiste por un breve momento que Dios te abandonó, pero con gran compasión, te recogerá y te dará instrucciones precisas de lo que tienes que hacer como lo hizo con Agar. El ángel le dijo a Agar: "Levántate, alza al muchacho, y sostenlo con tu mano, porque yo haré de él una gran nación" Observemos estos tres pasos que encierran las instrucciones de Dios, para la vida de Agar y para la tuya.

- *Primero, levántate:* Señal de acción, tienes que salir de tú desierto. No te puedes quedar postrado en tu tristeza, depresión, inactividad, derrota, resignación, falta de fe y pérdida de esperanza.

- *Segundo, alza al muchacho:* Ponlo en alto como señal de victoria, aunque no tengas fuerza, recógelo del suelo. Lo que está en el suelo puede ser pisoteado, humillado lacerado, pero lo que levantamos en fe y confianza, está elevado hacia la presencia del Señor.

- *Tercero, sostenlo con tu mano:* Aunque sea dura o difícil tu vivencia de madre soltera, te corresponde a ti sostenerlo y velar por tu hijo/a, producto de ser una madre soltera, no importa, levántalo, exhíbelo, tu responsabilidad es cuidarlo, instruirlo, dirigirlo por el nuevo camino fuera del desierto en que comenzó su vida, aunque recibamos ayuda de abuelos, familiares o amigos, es a ti que te corresponde, sostenlo con tu mano, es así como obtendrás la bendición, tus ojos se abrirán y verás de donde proviene lo bueno. Dios abrirá tus ojos, como hizo con Agar, para mostrarte la fuente de agua que saciara tu sed. El agua es tipo de vida, como la que llevas o llevaste en tu vientre, correrán ríos de agua viva para que sacies tu sed y la de tu criatura, además para que recobres fuerzas y agudices tu visión. Maravilloso, una vez más confirmado, que mi Redentor oye nuestro clamor y enjuga nuestro llanto, nos da provisión y nos lleva a un nuevo nivel. A Agar madre de una nueva nación, y a ti...?

Dos madres repudiadas ante Salomón

Esta historia es una de las que removió todo mi ser al tener la oportunidad de conocer. Ellas pueden muy bien representar a las madres solteras repudiadas, la biblia no resalta si son solteras, pero ante esta eventualidad, se puede deducir qué si lo eran. Ambas eran rameras y vivían juntas en una misma casa, cada una de ellas había tenido un hijo, los cuales se llevaban tres días de nacidos. Su visita ante el rey Salomón se debía a que una de ellas mientras dormía se acostó sobre uno de los niños y este murió, ambas reclamaban el derecho de ser la madre del hijo vivo. Su presencia ante el rey Salomón, el cual era calificado como el rey más sabio entre todos, era dictaminar a cuál madre le otorgaría la custodia del hijo vivo. Entonces el rey dijo: *Esta dice: "Este es mi hijo que está vivo y tu hijo es el muerto"; y la otra dice: "No, porque tu hijo es el muerto y mi hijo es el que vive. Y el rey dijo: Traedme una espada. Y trajeron una espada al rey. Entonces el rey dijo: Partid al niño vivo en dos, y dad la mitad a una y la otra mitad a la otra. Entonces la mujer de quien era el hijo vivo, habló al rey (porque sus entrañas se le conmovieron por su hijo), y*

dijo: !Ah, señor mío! dad a ésta el niño vivo, y no lo matéis.
Mas la otra dijo: Ni a mí ni a ti; partidlo. 1 Reyes 3:23-26.

Indiscutiblemente, esta es una de las partes de esta historia que más me conmueve en torno a la madre soltera o a cualquier madre en general. Las entrañas se le conmovieron por su hijo. Es evidente que las entrañas, son un conjunto de órganos adheridos en el interior de cada ser humano o de un animal, o sea, las vísceras, tripas, corazón. Son esencia física, no emocional, pero en ocasiones la biblia las presenta como algo que contiene sentimientos. Además de verlos como órganos vitales, también lo relaciona con el sacrificio a Dios, pero me impacta ver este término, bajo la connotación de emoción cuando expresa que las entrañas se agitan, y no reposan. ¿Se alegrarán, o qué? ¿Vibrarán como arpa? ¿Se duelen o se conmovieron como el caso de esta madre que fue ante Salomón? Esta aseveración indica que todo su ser se conmovió ante la posible pérdida de su hijo, indescriptible el amor de una madre. La acción de esta madre, la cual pudo haber tenido un historial de vida vergonzosa, claramente denota que, por más triste y devastadora que haya sido su vivencia, hará lo indecible por salvar a su hijo. Su acción resaltó el sacrificio que una madre es capaz de hacer por un hijo, su inmenso amor la llevo a renunciar a él, para que viviera. Una verdadera madre ama a su hijo/a, sin importar si nació en cuna de oro o producto de la prostitución, da su vida por él.

Ante esta gran acción el rey, dio su veredicto. *Entonces el rey respondió y dijo: Dad a aquélla el hijo vivo, y no lo matéis; ella es su madre.1 Reyes 3:27.*

La perseverancia de una madre

Ser madre es un honor indescriptible. La madre consuela, ama, no olvida a su hijo se compadecerse llora. Ella protege, cuida, vela por el bienestar, renuncia a veces a quien es por un hijo. Olvida los agravios, sufre, promete y cumple. Se goza con la bendición de los hijos. Se compadece, se sacrifica, se humilla, tiene fe obedece. Obviamente tal corazón no menosprecia Dios, el oye su clamor. Con razón aparece la palabra madre más de 285 veces en la biblia. Ante toda esta maravillosa evidencia, qué actitud deberíamos tener hacia una madre, incluyendo a la madre soltera de esta historia que se sacrifico por su hijo. Será justo y prudente que la entrega y dedicación de cada madre sea valorada y respetada por sus hijo/a como lo hizo Jesús.

María, madre de Jesús

Y cuando Jesús vio a su madre, y al discípulo a quien Él amaba que estaba allí cerca, dijo a su madre: ¡Mujer, he ahí tú hijo! Juan 19:26

No hay evidencia de que María fuera viuda, pero hacía algún tiempo que José no salía a escena en su vida. Algo sucedió, con él que evidenció en estos escritos, que María necesitaba compañía y protección, ya que el esposo no estaba. Jesús moriría en breve, pero la honró, encargó su cuidado a un buen amigo.

La biblia está llena de palabras enriquecedoras para ayudar a cada madre, incluyendo a las solteras, a entender la importancia que ellas representan para nuestro Señor. Además, resalta con sutilidad, el amor que emana del corazón de Dios a favor de cada madre, cuando oran por sus hijos. La comparación que existe en torno al amor de una madre por su descendencia y el amor de Dios hacia sus hijos, está claramente revelada en su palabra, a cada madre, especialmente a las solteras, les reitero, continúen aceptando el reto, su redención está cerca. Mientras tanto, sigue amando a tu descendencia, que Dios proveerá siempre el pan y el agua en tu odre, para cuando camines por tú desierto. No te rindas. Es posible que esta palabra martille tu vida a través de los tiempos. *He aquí, en maldad he sido formado, Y en pecado me concibió mi madre. Salmos 51:5.*

Pero la promesa de perdón, salvación, unción y vida eterna a través de Jesús, es mayor que cualquier dolorosa vivencia, perdónate y recibe su perdón, tu experiencia no tiene por qué dictaminar lo que será tu existencia, en Cristo Jesús, apodérate del consejo establecido para cada madre en la biblia ¿Te maravillaras de todo lo que sale del corazón de Dios respecto a ti?¡Adelante mamá!

Caso de Lucrecia

Lucrecia era una joven mujer, que conocí en mi largo caminar, oriunda de América del Sur. La situación en su país era imposible de resistir. Lucrecia oyó hablar de la posibilidad de buscar nuevos horizontes y así cumplir el famoso sueño americano. Llegó aquel fatídico día, en el cual ella emprendió una caminata hacia una vivencia inimaginable. Las supuestas personas que le ayudarían a cumplir su sueño, resultaron ser seres repugnantes sin escrúpulos, llenos de vicios y lujuria. Aquel anhelado viaje, se tornó en un infierno, en el cual ella recibía todo tipo de abusos ¿Las consecuencias? Un embarazo no deseado, de ser una joven con sueños, ahora sería una madre soltera, desconociendo, cuál de los agresores sería el padre de su hijo, aunque no valía la pena saberlo, ella no los vería jamás.

Llegar a un nuevo país, sin saber a dónde ir, siendo ahora madre soltera, no fue el único calvario que tuvo que enfrentar Lucrecia, el hijo que llevaba en su vientre poseía una discapacidad severa. Un día conoció a Jesús y comenzó a trabajar todos sus tormentos y poner en práctica todo lo delineado en este capítulo y otras cosas más, aunque luego se casó, vivió alrededor de veinte años siendo una madre soltera, estatus que se vuelve a repetir, ya que el esposo la embarazó y luego la abandono, reincidiendo nuevamente en ser una madre soltera, pero ahora con un nuevo hijo y el ya antes mencionado. Solo con la ayuda de Jesús y apoyo conductual estructurado, ella pudo superar el estigma de la madre soltera. Lo que quiero resaltar y denunciar en este caso, no es solo el dolor de la vivencia de Lucrecia, peor aún, la experiencia vivida en las iglesias que ha asistido. Lamentablemente ha tenido que ir de una a otra, a través de los años ¿La razón?

Carecen de destrezas y paciencia para pastorear ovejas que llegan a sus iglesias con traumas recibidos por ser madres solteras y con el agravante de tener hijos discapacitados. Lucrecia, ni ninguna madre soltera, pueden evitar la triste realidad que le toco vivir, como no tener a su lado un esposo que le apoye cuando su hijo emite ruidos y movimientos incontrolables debido a su discapacidad, la cual le impide escuchar con agrado el sermón. No olvidemos el verdadero sacrificio que agrada al Señor, apoyemos a las miles de Lucrecias desesperadas que acuden a nuestras iglesias. *El ayuno que a mí me agrada consiste en esto: en que rompas las cadenas de la injusticia y desates los nudos que aprietan el yugo; en que dejes libres a los oprimidos y acabes, en fin, con toda tiranía; en que compartas tu pan con el hambriento y recibas en tu casa al pobre sin techo; en que vistas al que no tiene ropa y no dejes de socorrer a tus semejantes.*

Entonces brillará tu luz como el amanecer y tus heridas sanarán muy pronto. Tu rectitud irá delante de ti y mi gloria te seguirá. Entonces, si me llamas, yo te responderé; si gritas pidiendo ayuda, yo te diré: "Aquí estoy." Si haces desaparecer toda opresión, si no insultas a otros ni les levantas calumnias, si te das a ti mismo en servicio del hambriento, si ayudas al afligido en su necesidad, tu luz brillará en la oscuridad, tus sombras se convertirán en luz de mediodía. Yo te guiaré continuamente, te daré comida abundante en el desierto, daré fuerza a tu cuerpo y serás como un jardín bien regado, como un manantial al que no le falta el agua. Tu pueblo reconstruirá las viejas ruinas y afianzará los cimientos puestos hace siglos. Llamarán a tu pueblo: reparador de muros caídos, reconstructor de casa en ruinas. Isaías 58 6-12.

Reflexión:

Aunque la vivencia de cada madre soltera no haya sido el mejor, créelo, en ti y en tu simiente habrá grande bendición.

Pastora Sonia

Capítulo 9

Matrimonio

L uego de haber sufrido el sin número de traumas que te he narrados a través de estas vivencias, los cuales me trajeron desolación y

> *El que halla esposa halla el bien, Y alcanza la benevolencia de Jehová.*
> Proverbios 18:22

desconfianza, pensé que jamás volvería a creer en el amor. Por otro lado, estaba segura que nadie llegaría a mi vida con buenas intenciones, no existía alguien (según yo) que me tomara en serio, mucho menos que me amara y valorara, sin importarle el pesado equipaje que llevaba sobre mis hombros, pero no fue así, porque el Señor me ha premiado con un esposo maravilloso, el cual me ha amado, valorado y respetado sin reservas, hasta el día de hoy. Tanto a mí, como a nuestros tres hijos y ahora, a nuestras tres hermosas nietas. Hago un alto para resaltar y dedicar este capítulo a ese hombre tan especial, el cual calificaría como un premio de excelencia otorgado a mi vida de parte del Señor. Él ha sido la persona, que además de devolverme la esperanza de volver a creer en el matrimonio, me ha regalado más de 33 años de dicha y seguridad. Le agradezco infinitamente el haberme apoyado en el duro proceso de restauración, le pido a su vez perdón, por cada arranque y actitud nociva en su contra a través de los años de convivencia mientras confrontaba cada trastorno producto de mi enfermedad emocional. Ahora entiendo, mi amor, que no fue nada personal, de la abundancia de mi corazón habló mi boca, no eras tú, era yo. No las puedes ver, pero un fuerte sentimiento convertido en lágrimas brota de mis ojos al redactar esto. Fue maravilloso conocerte y tenerte en mi vida hasta el día de hoy, gracias por ser el excelente padre que Dios eligió, para que me ayudara a criar a nuestra hija y a los otros hijos que Él nos dio. Solo me resta decirte que te amo, y una vez más, gracias.

Entrar en el proceso de ser una mujer nuevamente casada, fue un verdadero caos. Traté de adaptarme con mis propias fuerzas a mi nueva vida. Aunque me sentía más sosegada y segura ante aquel nuevo futuro más esperanzador, los temores siempre estaban al asecho. En esta etapa de mi vida, cumplí uno de mis más anhelados sueños, terminar mis estudios universitarios y ser maestra de escuela, sin el apoyo de mi esposo, hubiera sido casi imposible. Comencé a trabajar inmediatamente después de graduarme. El Señor nos dio la bendición de tener un hogar propio y un nuevo hijo, "mi bebe el tiernecito", así le decía, ya no esta tan "tiernecito", pero con más de 30 años, sigue siendo un hijo muy amado. La relación de los hermanos era muy bonita y todo iba marchando muy bien, aunque en ocasiones salían a flote mis malformaciones, en ira, contienda y gritos, derrumbando todo lo que se había edificado con tanto esfuerzo. En esta primera etapa de nuestro matrimonio no le servíamos al Señor, traté de sobrellevar la relación con el conocimiento adquirido a través de la educación pedagógica, aunque más adelante te compartiré, cómo y cuándo entendí que, sin Jesús nada se puede hacer.

La carencia de herramientas al respecto, me motivaron a explorar información relevante que me ayudara a conocer más en torno de mi rol de esposa. Para mí, encontrar estrategias fiables que nos ayudaran a remar juntos hacia un mismo puerto, fue crucial, las necesitaba para poder dominar toda aquella agresividad y otras malformaciones adquiridas. Quiero compartir lo que aprendí y puse en práctica, tanto en mi vida, como con los clientes a los que intervengo en consejería de matrimonios. Reitero, son técnicas que, obviamente, tienen mayor efectividad y duración cuando están acompañadas de la sanidad y la restauración que proviene de Jesús, vivencia que experimenté tres años después de haberme casado. Estos consejos pueden ser útiles para aprender a liderar con los problemas más comunes que presenta en la actualidad cada matrimonio.

Consejitos fiables para el Matrimonio

1. Si tu cónyuge está molesto/a, por cualquier situación, trata de no molestarte tú también. Jamás se irriten los dos al mismo tiempo, se puede lograr con amor y prudencia. Es saludable dominar la ira interna que se levanta en nuestro interior en estos casos, si no puedes, inhala y exhala contando hasta diez. Si no funciona, menciona el nombre de Jesús en medio de cada respirar, no olvides que el nombre de Jesús es un nombre que sobrepasa todo nombre. Si la ira es uno de los detonantes que más afectan tu vida y por ende la de tu matrimonio, busca ayuda de inmediato, mientras tanto confróntala, trabájala. ¡No a la ira, sí al amor! Examinarte y enfrentarte con ella, antes de que se manifieste, puede ser una buena estrategia para que la aprendas a identificar y dominar. No permitas que ella domine en tu matrimonio

2. Nunca se griten el uno al otro, a menos que no se te esté quemando el arroz. Levantar la voz más de lo normal para expresar enfado o desaprobación, no resuelve el problema, lo agudiza, además, mal forma a los demás componentes del núcleo familiar, los puede convertir, en algunos casos, en gritones compulsivos en la actualidad; y cuando lleguen a tener sus propios matrimonios. Me he topado con familias que, para hablar de cualquier tema en específico, lo hacen gritando, indicativo de que, probablemente, crecieron en un hogar, donde el medio de comunicación era a gritos, conducta que observan hasta el momento como algo normal. Ciertamente, que a la gente que amas no se le grita.

3. Si tienes que hacer algún señalamiento, hazlo con amor. Decir las cosas con nobleza, serenidad, sencillez, y sobre todo, pensando en el bienestar de tu cónyuge, hará de la relación, una más segura y resistente. Es necesario crear conciencia, de lo importante que es para cualquier matrimonio, la prudencia y el amor a la hora de exponer cualquier tema.

4. Reprocharle a tu cónyuge por los errores del pasado, es un veneno letal para la relación. Si aceptaste situaciones surgidas antes de iniciar esta relación, o si perdonaste alguna infidelidad u otra acción indebida, no es saludable traerla al presente, mucho menos cuando están enfrentando cualquier tipo de conflicto. Aquello que fue, ya es y Dios restaura lo que pasó.

5. Resuelvan sus conflictos matrimoniales antes de irse a dormir. Los problemas no se resuelven en la cama, es triste que el lugar ideado para descansar y fructificar, se convierta en un "ring de pelea", provocando que ninguna de las partes, quiera llegar al mismo.

6. Halague a su cónyuge frecuentemente, cuéntele

cuanto le ama, sea detallista, es muy meritorio que nos sorprendan con algo que nos gusta o algo diferente. No tienes que ser meramente en una fecha en particular, todos los días son especiales para bendecir un matrimonio.

7. Aprende a pedir perdón. Cuando hayas hecho algo poco agradable, la sensación de amor, respeto y estima que sentirá tu esposo/a, vale la pena. Errar es de humanos y el pedir perdón, de valientes. Practícalo.

8. Dos no pelean, si uno no quiere, y el que está errado es el que más habla, el que está más sereno es el que mejor puede ceder. Las cosas se ven mejor a cierta distancia, para pelear se necesitan dos, a veces perdiendo, se gana, si uno de los dos tiene que vencer en una discusión, deja que tu cónyuge sea el ganador.

En la única pelea que se acepta que ganen los dos combatientes es en el matrimonio ¿Acaso no son una sola carne? Acepta el reto. Lograr una comunicación en el matrimonio es uno de los mayores retos que puede enfrentar una relación de esposo y esposa, la buena comunicación y la forma en que superen ese conflicto, será la clave para un matrimonio duradero.

¿Cómo se puede lograr?

Comunicación en el conflicto

Cuando haya un conflicto en tú matrimonio, no lo ignoren, busquen juntos una solución, escúchense y respondan con empatía, sea amable, evite las actitudes agresivas o estar a la defensiva, hable de cómo le hace sentir la situación existente, no ataque a su cónyuge. Es más saludable y efectivo, exponer los sentimientos que acarrean esta situación, que señalar los defectos de alguna de las partes, al momento de lidiar con el conflicto. Busquen soluciones en las que ambos se sientan satisfechos, tracen un plan de acción para erradicar el conflicto, ambos deben comprometerse a cumplir con lo establecido, la idea es que los acuerdos establecidos, no queden en el aire, una buena estrategia seria hacerlo en forma de contrato. Luego de establecido, los acuerdos se firman y los revisan eventualmente, los dos solitos a la luz de la luna, puede ser las primeras semanas de vigencia hasta lograr que se logre el objetivo trazado, esta técnica les ayudará a darle un seguimiento estructurado y conciso al problema y a la relación en general. Todo es posible si puedes creer. Poner en práctica todos estos principios, me ayudo considerablemente, aunque nos faltaba la cubierta de nuestro Señor Jesús en nuestras vidas, comenzó a obrar en nuestro matrimonio milagrosamente. Más adelante les narraré como llegó el Señor a nuestros corazones. Lo que sí quiero compartir es, como mi visión de la vida (incluyendo el matrimonio) cambio por completo. Siempre me han gustados las bellas artes, cantar, componer, recitar, dibujar, fue así como asocié el matrimonio, centrado en Jesús. Entendí que para que funcione satisfactoriamente, debemos desarrollar el arte divino de amar, obvio, dándole pinceladas de respeto, fidelidad y ternura, sobre todo siendo Jesús la cabeza de nuestro hogar. Veamos estas pinceladas.

Arte divino para proteger el matrimonio

Pudiéramos definir arte como actividades o creaciones del ser divino y del humano, con fines artísticos o comunicativos, dicho arte se representa a través de la pintura, la escultura, la literatura o la música, se puede representar con escenas, ideas, emociones y sentimientos. Se requiere talento para cualquier creación que queramos diseñar, o sea, facultad, aptitud, destreza, disposición, inspiración, afición, vocación, habilidad, práctica y experiencia.

Para que esta obra maestra, sea todo un éxito, debe ser delineada por el Señor en primer lugar, luego el esposo y la esposa. La idea de establecer el matrimonio como parte fundamental de su creación, le dio un majestuoso toque de gracia a la obra más hermosa que nuestro Creador haya diseñado. Veamos algunas reseñas bíblicas diseñadas para este tema y otras ya observadas en el tema de la violencia doméstica, aplicables para el matrimonio ideado por Dios. *Más valen dos que uno solo, porque tienen mejor paga de su trabajo. Porque si uno de ellos cae, el otro levantará a su compañero; pero ¡Ay del solo! que cuando cayere, no habrá segundo que lo levante. También si dos durmieren juntos, se calentarán mutuamente; más ¿cómo se calentará uno solo? Y si alguno prevaleciere contra uno, dos le resistirán; y cordón de tres dobleces no se rompe pronto. Ec.4:9-12*

Dos son mejor que uno. Esta enseñanza bíblica, resalta un hecho que fue fundamental conocer. No hay discusión, dos son mejor que uno, es decir, esa compañía diaria que genera convivencia, amor, placer, luchas y victorias, no tiene comparación, ambos tendrán mejor paga. Hasta en el ámbito financiero, es real, dos sueldos, pagan más que uno, pero con la peculiaridad de que las ganancias van para el mismo bolsillo. Ese deseo de unidad, perseverancia y amor se ven claramente delineado en esta maravillosa obra creada por nuestro Señor llamada matrimonio.

Pobre del que cae. Otro dato espectacular de esta pincelada de vida para el matrimonio es que, si uno de los dos tropieza y cae, el otro puede levantarlo, pero, ¡Pobre del que cae y no tiene quien lo ayude a levantarse! Una vez me caí (literalmente) y mi esposo no estaba, me dolía hasta el alma. Tuve que hacer un gran esfuerzo para poder incorporarme, pero fue muy difícil, porque estaba sola. La sensación de soledad y vacío que sentí, fue desesperante, al no contar con él para que me ayudara como siempre lo ha hecho. En cambio, en otra ocasión, teníamos una cama con un colchón que se llenaba con agua. Cuando la estaba arreglando, se zafó de su base y cayó sobre mis pies, grité tan fuerte ante aquel horrendo dolor, que mi esposo llegó de inmediato, no estaba sola, él estaba a mi lado. Buscó una pata de cabra(o una barra de uña, como se conoce en otros lugares), la introdujo entre la cama y el piso, y me liberó de aquel espantoso dolor, luego supe que la cama pesaba casi 400 libras, equivalente a 180 Kg. Esta vivencia me permitió comprender literalmente lo que enseña la palabra en torno a la que cae, y no tiene a su marido al lado, que la levante. Aunque esta palabra también puede tener una connotación espiritual y emocional, tener al cónyuge cerca en los momentos difíciles o lastimeros en la vida, es un consuelo y un aporte que sobrepasa todo entendimiento, el enemigo de las almas no quiere que esta convivencia entre esposa y esposo se lleve a cabo, su deseo es la enemistad y la separación, para que cuando alguno caiga, el otro no esté presente para apoyarlo y sustentarlo mientras se levanta ¿La razón? Simplemente por el hecho de que el matrimonio entre un hombre y una mujer fue establecido por el Señor.

Hay que entrar en calor.

El predicador resalta en este versículo que, si dos se acuestan juntos, en otras palabras, duermen juntos, entran en calor, además de acurrucarse, pueden multiplicar. Y los bendijo Dios diciéndoles: *Creced y multiplicaos, llenad la tierra y sometedla. Gn.1:28.* En cambio, uno solo, se muere de frío, además no hay procreación. Una persona sola puede ser vencida, pero dos pueden defenderse; y si tres unen sus fuerzas será mucho mejor, aquí no se refiere a una suegra o a algún otro familiar, se trata de Jesús como cabeza fuerte en el matrimonio, implantando su palabra como base fundamental para su permanencia. Si esto se cumple, no habrá nadie que los pueda vencer, para poder obtener victoria en el matrimonio, tuve que aprender lo que el actor principal de este escenario de vida ideó, para que el matrimonio fuera, no como lo presenta el mundo, sino una gran obra magistral divina. En resumen, las pinceladas que debemos dar para formar esta obra perfecta llamada matrimonio, según el pasaje bíblico que acabamos de analizar son cruciales para su existencia y permanencia. Hay que internalizar y creer, que no es bueno que el hombre esté solo, o sea, dos son mejor que uno, la unidad y la armonía van a ser un aditamento básico, tanto si alguno cae, o para mantenerse calientitos. Lo más importante es que, nunca debemos excluir a Jesús de nuestro matrimonio, no olvidemos que Él sabe dirigirnos, guiarnos y nos ayuda a que el amor entre esposos crezca sin importar el paso de los años. Por eso seguirá siendo la cabeza de mi matrimonio.

Cristo es la cabeza.

*Pero quiero que sepáis que Cristo es la cabeza de todo varón, y el varón es la cabeza de la mujer, y Dios la cabeza de Cristo. 1Co.11:3.*Este principio, muchas veces es cuestionable, por tanta agresión que puede esconderse detrás de una cabeza enferma o mal formada. Cuando escogemos a la persona idónea, por la cual hemos orado, evaluado y confirmado, vamos a tener la bendición de Dios, pero para que funcione, Jesús debe ser la cabeza de ese hogar, en otras palabras, Él y su palabra tiene que ser el centro y dirección del mismo. No culpes a Dios cuando eliges un hombre que mostró señales peligrosas desde el principio y solo lo justificabas diciendo: "Es que me ama." Si no se deja regir por la cabeza que es Cristo Jesús, jamás podrá ser una cabeza idónea, para su esposa, ni de su familia en general. Cuando estas deformaciones se dan en el matrimonio, en vez de existir un hogar lleno de matices y hermosos colores, las pinceladas delineadas se tornarán tristes, grises y muy tormentosas

Pinceladas tormentosas

Observa estas posibles señales que, indudablemente, si eliges un compañero/a con estas características, difícilmente se someterá a la palabra cuando dice que, el hombre debe realizar una buena labor como cabeza del hogar. De igual manera, la esposa tiene su rol. De no ser así, se puede dar esta dinámica conyugal.

1.Controlador/a 2.Celos 3.Doble fachada 4.Aislamiento 5.Abuso de alcohol, drogas o medicamentos 6.Repetición del ciclo de la violencia 7.Violentos con terceros 8.Vigilancia. 9.Cambios súbitos e impredecibles de humor 10.Amenazas de suicidio u homicidio 11.Busca aliados o culpables 12.Problemas sexuales 13.Regalos de manera interesada para lograr perdón 14.Baja autoestima 15.Dependencia emocional 16.Depresión, entre otros. En cambio, una relación donde ambos componentes temen a Dios y le sirven, además, entienden y aceptan lo que Jesús establece, pueden tener relaciones más efectivas y duraderas. No podemos olvidar que todo lo que Dios estableció para el matrimonio, es para su bendición. Veamos lo que la biblia enseña al respecto.

Matrimonios estructurados por Dios

Y dijo Jehová Dios: No es bueno que el hombre esté solo; le haré ayuda idónea para él. Gn.2:18. Por tanto el hombre dejará a su padre y a su madre y se unirá a su mujer, y serán una sola carne. Gn.2:24

El deseo del corazón de Dios al instituir el matrimonio es evidente, ya todo estaba creado y le pareció bueno, solo faltaba algo, el complemento para Adán, la mujer. No es bueno que el hombre esté solo, basado en este principio y en otros datos que he adquirido en el estudio en torno al tema, continúo tratándolo con la emotividad que requiere. Una observación que quiero resaltar antes de proseguir es, el consejo que expuso Pablo en su carta a los tesalonicenses. El mismo va en línea con lo estipulado por Dios al momento idear el matrimonio cuando dijo: "Por tanto el hombre dejará a su padre y a su madre y se unirá a su mujer, y serán una sola carne. " Pablo dijo lo siguiente: *Que el mismo Dios de paz os santifique por completo; y que todo vuestro ser, espíritu, alma y cuerpo, sea irreprensibles para la venida de nuestro Señor. 1Tes. 5:23.*Pablo hace referencia en este pasaje al ser tripartito que todos poseemos, un espíritu, un alma y un cuerpo. Dice que lo guardemos irreprensiblemente, es indiscutible que este versículo está claramente establecido para toda la creación, pero integrarlas en la vida matrimonial, en conjunto con el consejo de dejar padre y madre, va más en línea con el matrimonio de lo que nos imaginamos. Primeramente, debemos conocer la función y repercusión que este ser tripartito tiene en nosotros y, por ende, en nuestro cónyuge. Si puede ser hallado culpable, es porque puede pecar. Que nuestro cuerpo sea hallado culpable delante de Dios, es algo digno de evaluar para entender lo que el matrimonio representa y cómo podemos conservarlo sin pecado. Veamos cómo aplicar lo que Pablo plantea para poder tener éxito en la palabra que dice: "Por tanto el hombre dejará a su padre y a su madre y se unirá a su mujer, y serán una sola carne".

Dejar padre y madre

Primeramente, para que haya un matrimonio sólido y en línea con la palabra de Dios, el hombre y la mujer tienen que integrar su espíritu, alma y cuerpo. No olvidemos que somos una sola carne, dejar padre y madre no implica olvidarnos de ellos o abandonarlos, Se refiere a arrojar toda malformación adquirida en aquel lugar que nos vio nacer y crecer, entiéndase: Idolatría, hurtos y todo tipo de maledicencia adquiridos en el pasado en el hogar de formación. Es necesario comenzar un nuevo enfoque de vida matrimonial y familiar, siguiendo como guía la palabra de Dios. Veamos como nuestro ser tripartito espíritu, alma y cuerpo, pueden ser restaurados y ubicados en línea con la voluntad de Dios para que el matrimonio funcione.

El Alma

En la cual está el asiento de las emociones, sentimientos, deseos, motivaciones y voluntad, debe estar encallada en Jesús. Toda malformación adquirida en el hogar de origen, entiéndase: Odios, ira, depresión, raíces de amarguras, temores, inseguridades, ansiedades, abusos físicos, emocionales y sexuales, entre otras, dejan fuertes huellas en el que los padeció. Las mismas tienen que ser sanadas y restauradas, si queremos tener un matrimonio resistente y duradero. De no ser así, todas estas vivencias serán llevadas directas al matrimonio.

Espíritu

En torno al espíritu, toda religiosidad, ídolos, enseñanzas erróneas y todo lo que tenga que ver con la forma en que te enseñaron a conocer de Dios, tú interpretación de la biblia, entre otros, tiene que estar transformada, liberada y regenerada a la luz de la palabra. Entiéndase, a través del sacrificio de Jesús en la cruz por toda la humanidad, esta es la única manera en que Jesús se puede entronar como cabeza en tu vida y en tu matrimonio. La búsqueda de Dios, ayuno, la oración y el conocimiento de la palabra, van a estar más en línea con el "ser espíritu". Si en tu hogar de formación lo que había era: Idolatría, hechicería y religiosidad, se tiene que renunciar a ellas de inmediato. Se requiere perdonar y perdonarse por la participación directa o indirecta, tener la seguridad que abandonas ese estilo de vida, y adoptas el aprobado por Dios, para que vivas en un nuevo hogar, donde Cristo es la cabeza. *Y si no os parece bien servir al Señor, escoged hoy a quién habéis de servir: si a los dioses que sirvieron vuestros padres, que estaban al otro lado del Río, o a los dioses de los amorreos en cuya tierra habitáis; pero yo y mi casa, serviremos al Señor. Josué 24:15*

Cuerpo

Por último, el cuerpo, la carne, que además de representar órganos internos y externos, es el canal propio por donde van a manifestarse todos los desastres emocionales, espirituales y carnales que tenemos dentro. La carne, la cual representa la naturaleza pecaminosa del hombre y la mujer, se va a desbordar en pasiones y todo tipo de concupiscencia, si no están en línea y lavadas con la sangre del Cordero. Pablo aconsejo tener un ser tripartito irreprensible.

Irreprensible

Irreprensible (en griego amemptos), se define como: Sin culpa, sin falta, sin tacha o imperfección, impecable, inocente, virtuoso, irreprochable, limpio, o sea, libre de pecado. No nos podemos engañar, este cuerpo hay que crucificarlo cada día, lastimeramente, de no ser encontrado irreprensible, lo que proviene de nuestro ser tripartito en general, es todo el escarnio adquirido en un hogar malo, un hogar que si no es dejado a un lado, renunciando y restaurando lo vivido en el mismo, lo que traerá a la carne y a todo nuestro ser, será condenación eterna. *¿No sabéis que los injustos no heredarán el reino de Dios? No erréis; ni los fornicarios,* *ni los idólatras, ni los adúlteros, ni los afeminados, ni los que se echan con varones, ni los ladrones, ni los avaros, ni los borrachos, ni los maldicientes, ni los estafadores, heredarán el reino de Dios. Y esto erais algunos; mas ya habéis sido lavados, ya habéis sido santificados, ya habéis sido justificados en el nombre del Señor Jesús, y por el Espíritu de nuestro Dios.1 Co.6:9-11*

Entendiendo a Pablo

Esto es lo que Pablo aconseja para todo cristiano (incluyendo a los matrimonios).Si tenemos un alma llena de odio, coraje, depresión, miedos, iras, contiendas y todo tipo de maleficencia, por otro lado, nuestro cuerpo, entiéndase, boca, manos, pies, puños, volcado en agresiones, en adulterios y fornicaciones, un espíritu lejos de la provisión y la presencia de Dios, lleno de idolatría y otros males que desvanecen la presencia de Dios, una persona que no ora, no ayuna, no se congrega, no hace buen uso de la palabra, obviamente su ser integral tripartito, expulsara toda clase de agresión malsana e infernales. Entonces no será irreprensible, será incalificable, lleno de pecado para Dios.

Resumiendo

Tenemos que ser prudentes y entendido, lo que Dios creó lo hizo porque él sabía lo que hacía. Yo no lo puedo decirle a mi alma, quécate en casa porque tú tienes muchos sentimientos deformes y me puedes meter en problemas. Te quedas yo me voy con mi espíritu y mi cuerpo a hacer lo que tenga que hacer. No es así El espíritu, el alma y el cuerpo trabajan al unísono. Si mi carne está llena de deseos mal sanos envida fornicación adulterio, mi carne, si no interviene Jesús, se va a meter en lugares de perdición. Fornicar, adulterara, se emborrachara, peleara. Que va a pasar con mi espirito se aparta de Dios, se apaga, se desconecta, no tiene vida ni revelación, porque no contará con el Espíritu Santo de Dios. En cambio si he sido lavado/a con la sangre del cordero, cuando venga un pensamiento malsano zarandeando mi alma, mente y corazón, lo llevo cautivo a los pies de Cristo. Al haber sido declarado inoperante, la carne no peca accionando en ver, tocar o codiciar lo que no me pertenece o no le conviene. Por ende es alumbrado por la luz de Cristo y recibe sanidad, liberación, restauración y la dirección de su Santo Espíritu para vencer. A esto era lo que se refería Pablo cuando deseaba que El Dios de paz santifique por completo nuestro ser espíritu alma y cuerpo para que fuera guardado irreprensible. Esta enseñanza también es aplicada en el matrimonio.

Ahora son una sola carne con Cristo como cabeza. Si toda esta malformación, acabada de presentar está en uno de los cónyuges o en ambos, y continúa cada uno por su lado exhibiendo su malformación originada desde la infancia en el hogar de procedencia, y no le entregan su vida a Cristo, dejando que él sea la cabeza del hogar no podrá disfrutar de la justicia de Dios y menos de un matrimonio sano y fructífero. El final, estar en la lista de los miles de divorcio por mutuo

Pastora Sonia

acuerdo. *No os engañéis; Dios no puede ser burlado: pues todo lo que el hombre sembrare, eso también cosechará. Gá. 6:7*

Enfermedades procedentes del hogar de formación Los componentes de un núcleo familiar pueden ser el padre, madre, hermanos, abuelos entre otros. Los efectos de las vivencias traumáticas sin resolver en estos años de formación, pudieran estar reactivándose en matrimonios conflictivos en la actualidad. Algunas anomalías pueden ser: celos, violencia, infidelidades, sobre protección, rechazo, malas finanzas, reglas externas, aburrimiento, perdidas, comunicación pobre, entre otras. Nadie puede dar, lamentablemente, lo que no tiene. Se requiere desaprender lo aprendido, renunciar, perdonar, restaurar y sanar lo vivido. De esta manera podemos regirnos en libertad y sanidad y deleitarnos en las enseñanzas de vida de aquel que ideó el matrimonio. La mejor guía para esos menesteres lo posee la palabra de Dios. Si viviste experiencias similares en tu niñez y en la actualidad penosamente las estas repitiendo consciente o inconscientemente es tiempo de ponerle fin. Llegó la hora precisa de reconocerlo, enfrentarlo y trabajarlo tú matrimonio se lo merece. *Examinadlo todo retened lo bueno y desecha lo malo.1 Tes. 5:21*

Detalles: Provenir de un lugar donde mamá prácticamente dirigía todo en la casa, fue un punto difícil de reconocer y cambiar, para romper con la actitud dominante y controladora que tomé en mí matrimonio, tuve que tomar acción cuando conocí lo que la biblia dice al respecto, fue inminente desaprender lo aprendido y adoptar el rol que Jesús estableció para la mujer. En los años que llevo trabajando con matrimonios, incluyendo el mío, he visto un sinnúmero de conflictos irracionales y cada una de las partes involucradas, quiere que se les oiga, además, que se les dé la razón en lo que presentan. Lo grande es que, pocos quieren entender que la raíz de su problema, en la mayoría de los casos, data de mucho tiempo, ni siquiera se conocían cuando comenzó a fortalecerse ese comportamiento enfermizo, uno culpa al otro y viceversa, entender cuál debía ser mi participación en el matrimonio como mujer, según la palabra, fue fundamental al aplicarlo en mi vida. Quiero compartir contigo esas enseñanzas, para que las uses en tu vida, además, para que aprendas a romper con las conductas aprendidas que no favorecen en nada al matrimonio. Veamos que nos enseña la palabra de Dios a cada mujer, para poder alcanzar una vida matrimonial saludable y bendecida.

Rol de la mujer en el matrimonio

Y dijo Jehová Dios: No es bueno que el hombre esté solo. Gn. 2:18a

La esposa acompaña: En una ocasión, estaba dando una conferencia para matrimonios en Estados Unidos, cuando toqué este versículo, se dio una polémica, en donde los caballeros decían que, las mujeres, en muchas ocasiones, más que compañeras, eran perseguidoras. Exponían que, si las dejaban, les ponían grilletes a los esposos para saber dónde están todo el tiempo. Mi esposo estaba en esa conferencia, y al oír el comentario, me miró, para ver cuál sería mi respuesta, ya que casi todas las esposas, en ocasiones, hacemos uso del grillete ¿O dime si es cierto o no? Cuando los esposos llevan un tiempo que no se comunican con la esposa, los llamamos y las preguntas obligatorias son:¿Qué haces? ¿Dónde estás?

Mi respuesta inmediata fue según este versículo: "No es bueno que el hombre esté solo, Dios creó a la mujer para ser su compañera, alguien que verdaderamente acompaña porque no es bueno que estén solos. Queda por sentado que, nuestro rol de esposa y naturaleza es saber dónde está su amado, o sea, esa naturaleza divina por la cual fuimos creadas, siempre va a estar latente, acompañar a nuestros maridos. Si el esposo no está con su amada, puede pensar que está solo, triste o necesitado". Salí airosa con mi respuesta, ya que todos los esposos comenzaron a meditar en lo planteado y se olvidaron de las esposas rastreadoras, inclusive mi esposo. La que esté libre de pecado que tire la primera piedra.

Todos los extremos son peligrosos, ciertamente no debemos presionar al esposo, al extremo de ser como goteras constantes o acosadoras, inclusive llamarlos para preguntarle ¿Dónde estás? o ¿Qué haces? Cuando sabemos que está trabajando. Esta es otra área que tuve que aprender a trabajar, el espacio que cada quien merece para que no lleguemos a los externos y que lo que se esté manifestando, sea un espíritu de celos o desconfianza y no el amor de una compañera. Esposo, comprende a tu amada esposa, no te irrites con ella porque quiera estar a tu lado, es su naturaleza, no olvides que no es bueno que el hombre esté solo y Dios la creó para que te acompañe, te cuide y te ame.

Ayuda idónea

Le haré ayuda idónea para él. Gn. 2:18b.

En la primera parte de este versículo, vimos que la esposa fue creada para que acompañara al esposo. En esta segunda parte, observamos, que tenía que poseer un distintivo muy peculiar ser una ayuda idónea. Si evaluamos el rol de la mujer según este versículo, vamos a encontrar que, ella se debe centrar en su esposo para que juntos dirijan su nuevo hogar, en línea con lo que la palabra enseña, en otras palabras, el hogar de mi formación ya no será mi eje central, ahora son mi esposo y mi nueva familia. Este versículo aconseja, que la mujer sea una ayuda idónea también en ese sentido. Una ayuda idónea, (kenegdô en hebreo), es alguien que tiene buena disposición o aptitud para hacer algo, o sea, es adecuada, competente, ideal, conveniente, útil, capaz y apropiada, si lo hacemos con amor y con el deseo de obedecer al Señor, lo podremos lograr. Creo que Dios resaltó esta palabra al pensar crear a Eva. Ella sería la compañera de Adán, para llenar a cabalidad ese rol, tenía que tener disposición y aptitud para el trabajo que iba a desempeñar. Dios conocía lo que sucedería, Eva no obedeció la recomendación de Dios dada a Adán, su falta de idoneidad, al no obedecer la orden de no comer del fruto del bien y el mal, acarreó unas consecuencias que repercuten hasta el día de hoy. Comencemos a desarrollar la virtud de ser una mujer idónea y veremos cambios sustanciales en nuestro matrimonio

Mujer virtuosa Mujer virtuosa, ¿quién la hallará? Porque su estima sobrepasa largamente a la de las piedras preciosas. Pr. 31:10.

Virtuosa en el hebreo original se nomina jáyil, y significa fuerza, poder, valor y vigor. En la lengua griega, andreian, trata, además de lo antes mencionado, de una mujer diligente, activa, con denuedo y digna. En el idioma español, se relaciona con una mujer que es íntegra, que se dedica a la práctica de la perfección espiritual, que lleva una vida modesta y sobria. Se clasifica, además, como una mujer honrada, creativa, honesta y servicial, admira la pureza, renunciando a la picardía y a la sensualidad, entre otras virtudes. De esta mujer, con estos distintivos, hablando el libro de proverbios, la biblia muestra a la mujer virtuosa como una, que es poseedora de una estima que sobrepasa largamente a las piedras preciosas.

Características de esta mujer virtuosa según la biblia

Es temerosa de Dios, llena de fe, cuida de su familia, no tiene temor de la nieve, porque toda su familia está "vestida de ropas dobles," o sea, está convencida de que la cubierta de Dios para ella y para su casa está garantizada en todos los aspectos. Es una mujer generosa, precavida y trabajadora, tanto en su casa, como en sus negocios. Otra de sus virtudes es que sabe economizar, no se afana, no habla mal de su esposo, el corazón de su marido, está en ella confiado. Si cada esposa puede llegar a desarrollar ese nivel de virtud para con su marido, ciertamente será alabada y bendecida por Dios. Su esposo se sentirá como un rey, ante las virtudes de su reina y podrá exhibir su corona, ya que la mujer virtuosa es corona de su marido. *La mujer virtuosa es corona de su marido. Pr 12:4ª.*

Conductas de mujeres no aprobadas por Dios

Mas la mala, como carcoma en sus huesos. Pr 12:4b.

Este versículo comienza resaltando a la mujer virtuosa, pero termina repudiando a la mala.

Carcoma en los huesos: En otras palabras, la que hace todo lo contrario a una mujer virtuosa, no está aprobada por Dios. Aquí se refiere a la que lo avergüenza, es como carcoma en los huesos. Esta actitud perniciosa de la mujer, produce en el esposo una profunda pena, deshonor, desgracia, o condenación, es como una frustración, que lo decepciona, causándole sufrimiento, vergüenza y dolor. El esposo se siente, además, como desnudo. Es como si pudriera sus huesos. Recordemos que Eva fue hecha de la costilla de Adán, ese hueso que representa vida y unión, al surgir la maldad o vileza, lo enferma, ocasionando carcoma en los huesos. En otras palabras, corroe la relación, la consume, la agujera o lacera.la mujer virtuosa es corona de su marido, mas la mala, como carcoma en sus huesos.

Mujer rencillosa y goteras contínúas: Veamos estos versículos. *Mejor es vivir en un rincón del terrado que con mujer rencillosa en casa espaciosa. Pr. 21:9.*

Mejor es morar en tierra desierta que con la mujer rencillosa e iracunda. Pr. 21:19.

Gotera continua en tiempo de lluvia y la mujer rencillosa son semejantes; pretender contenerla es como refrenar el viento Prov. 27:15.

Gotera contínúa las contiendas de la mujer. Pr.19:13b

Otra palabra que me ayudo a entender que tenía que hacer ciertos reajustes en mi vida, si quería tener una vida bendecida en mi matrimonio, son las antes mencionadas. Tenía que dejar de ser rencillosa e iracunda, en otras palabras, dejar de ser peleona, conflictiva. Estas son características peculiares de la mujer rencillosa, ha de discutir constantemente, además, está llena de una rabia, es irritable y violenta. Ser rencillosa e iracunda, son los dos complementos más dañinos para una relación matrimonial. Vivo en el Caribe, donde disfrutamos de un verano eterno, este sol tan maravilloso, ocasiona constantes grietas en nuestros techos por lo intenso del calor, en los mismos se producen filtraciones con goteras el agua, dañando todo lo que encuentran a su alcance. En ocasiones, colocamos unos recipientes de metal para que no se dañen las aéreas que alcanza la gotera, pero el continuo sonido del metal al chocar con la gotera, es más sofocante que el daño que ocasiona la gotera, esta fue la enseñanza que recibí de mi Señor cuando encontré esta palabra. Gotera continua en tiempo de lluvia y la mujer rencillosa son semejantes; pretender contenerla es como refrenar el viento, tristemente esa gotera era yo. Un dato que debo resaltar, ya que lo considero de mucha importancia, es que no manifestaba esta conducta enfermiza con las demás personas, en cambio mi familia sí. La tarea de trabajar esta anomalía, me tomó bastante tiempo y esfuerzo, no por la disposición de Jesús en ayudarme, sino por la mal formación que poseía a este respecto.

Entender que es mejor vivir en la esquina de un terrado o una galería, que con una mujer rencillosa, peleona o porfiada, fue triste para mí. Gloria a Dios por Jesucristo al conocer su palabra, aprender a escuchar más y hablar menos. Es mejor tener acceso a toda nuestra casa, que vivir en un rinconcito de la misma rechazada y marginada, porque los demás componentes del núcleo familiar no nos toleran, comprender esta realidad fue un gran desafío, mayor aun cuando Dios me redarguyo a través de su palabra a no solo dejar la ira y la contienda, tenía que aprender a sujetarme.

Esposa Sujeta: Las esposas deben estar sujetas a la autoridad de sus esposos. *"Las casadas estén sujetas a sus propios maridos, como al Señor; porque el marido es cabeza de la mujer, así como Cristo es cabeza de la iglesia, la cual es Su cuerpo y Él es su Salvador. Así que, como la iglesia está sujeta a Cristo, así también las casadas lo estén a sus maridos en todo." Efesios 5:22-24.*

Otra barrera que encentré en mi ardua tarea de tener un matrimonio en línea con lo que Dios establece en su palabra y no en mi propia prudencia, fue el conocer que me tenía que sujetar. Ni siquiera entendía el principio, sujetarse, quiere decir sostenerse o agarrarse de algo de modo que no se caiga o se mueva, es sinónimo de someter, dominar, coger, asegurar, sostener, agarrar y domar, entre otros. Hasta ahí íbamos bien, pero aplicarlo a mi matrimonio era lo que no me cuadraba. Un día meditando en esta verdad bíblica, y resistente a la misma, El Señor me llevó a mi niñez, trajo a mi memoria un incidente de cuando era niña, muy impactante para mí. Me estaba bañando en un río, me paré en una piedra alta que tenía limo y me resbalé, comencé a hundirme y por consiguiente a ahogarme, al subir gritaba "¡Me ahogo, me ahogo!" Un amigo, que estaba también en el río, se lanzó y comenzó a llevarme a la orilla, en mi desesperación, lo que hacía era hundirme y hundirlo a él. El Señor me recordó las palabras que me decía, cálmate y sujétate de mí cuello, sujétate fuerte, que no te vas a hundir. Obedecí a aquella voz y al mandato de mi amigo y me sujeté. Hoy estoy aquí para contártelo.

Con aquella dolorosa y traumática vivencia, el Señor quería enseñarme el significado de esa palabra, "eso es lo que quiero hacer contigo y con cada mujer, al sujetarte de tu marido, te estoy dando la oportunidad de que sea él quien te dirija, te sujete, te cuide, sustente y te proteja. Ese deber lo delegué en el esposo, con el fin de que se responsabilizara de la protección total de esa compañera que puse a su lado. Y la mujer, que se someta en obedecía a este mandato con el fin de obtener la bendición de sustento, cuidado y protección por siempre". ¿Cómo? Dios como cabeza del esposo, él esposo, la cabeza de la esposa y la esposa, cumpliendo en la sujeción establecida, se logrará el trinomio perfecto. Un matrimonio en contiendas o rencillas, en maldad, en necedad, sin virtud alguna, sin sujetarme a mi esposo, desobedeciendo los estatutos de Dios, jamás prosperará. Al contrario, procreará un matrimonio en ruinas y una familia en general en peligro de extinción. Hago un alto en estas vivencias para agradecerle a mi amigo de la infancia, Carlos Santana, por haberme salvado la vida en el aquel funesto día. Dios permite cosas que entenderemos en su tiempo. En la actualidad, mi amigo de la infancia y hermano en Cristo, y su esposa Norma Lamouth, somos compañeros de milicia. Seguimos salvando vidas, ahora para Jesús. Declaro toda tu descendencia salva y bendecida en Cristo Jesús.

Rol del esposo

Dios siempre me sorprende y me ministra a través de su maravillosa palabra. Evidentemente por lo estructurada y bien delineada que está, para dirigir a toda su creación. Hizo lo propio con el hombre, para que disfrutara de un hogar placentero y realizado. La clave es vivir en el conocimiento y sometimiento de la misma ¿La recompensa? Tendremos éxito en el trabajo que desempeñemos. Las siguientes palabras que veremos, están escritas para el esposo, con el fin de que las observen y la apliquen en su hogar, hogar que estuvo desde el principio de la creación, diseñado en el corazón de Dios y ahora somos parte integral de uno de ellos, un consejo que es digno de señalar inicialmente es el siguiente.

Ama a tu esposa: Ama a tu esposa como Cristo amo a la iglesia y se entregó por ella. Efesios 5:24.

Hemos dejado establecido, que no es bueno que el hombre esté solo y que Dios le hizo una ayuda idónea para él, además, que dejaría a su padre y madre para ser una sola carne con ella, esa mujer va a requerir un cuidado especial, resumido en el sentimiento de un amor genuino. El amor al cual se refiere el Señor en este versículo, está claramente evidenciado en su palabra, evaluaremos el amor matrimonial a la luz de esta porción bíblica. Aunque es una palabra que está diseñada para la humanidad en general, aplica magistralmente para el matrimonio. Veamos si hemos llegado al nivel de excelencia que Dios espera de nosotros o si nos falta un poco.

El amor es sufrido, es benigno; el amor no tiene envidia, el amor no es jactancioso, no se envanece; no hace nada indebido, no busca lo suyo, no se irrita, no guarda rencor no se goza de la injusticia, más se goza de la verdad. Todo lo sufre, todo lo cree, todo lo espera, todo lo soporta. El amor nunca deja de ser. 1 Corintios 13:4-8ª

Amor sufrido: Como establecí inicialmente, esta clase de amor ideado por Dios, lo debemos observar con el prójimo en general, también está perfectamente delineado para aplicarlo en el matrimonio. Un esposo que llegue amar a su esposa de esta manera puede tener la garantía de un matrimonio sólido y saludable. Pablo aborda claramente en esos escritos, el resumen de los consejos y recomendaciones que en general hemos presentado desde el principio. Un amor sufrido, es aquel que está preparado para recibir con resignación un daño moral o físico, esperado o de improvisto. Estas vivencias, aunque difíciles de entender o soportar, lo pueden equipar para enfrentar situaciones donde se requiera tolerancia, además, equipa cualquier relación para soportar un sinfín de adversidades. Los fuertes padecimientos que se tienen que enfrentar, donde aguantar, afligirse o resignarse, también, tener que sobrellevarse, conformarse y amoldarse, los cuales definen lo que es sufrir, son parte fundamental del gran adiestramiento que se requiere para emprender este hermoso camino llamado matrimonio. Son cada día más, las parejas que han pasado fuertes sufrimientos, por la razón que sea. Dicha vivencia les ha llevado a solidificar aún más su relación ¿Por qué? Simple y llanamente porque ama al ser con el cual le ha tocado vivir.

Amor benigno: El amor debe ser benigno, aconseja Pablo en su carta. El corazón de un esposo del que emane amor benigno, se va a caracterizar por mostrar buena voluntad, comprensión y simpatía hacia su amada esposa, otras palabras relativas al concepto, entre tantas, lo son ser en extremo bondadoso, clemente, simpático, afectuoso, desprendido, paternal, humano, compasivo, conciliador, fraternal y generoso. En resumen, un dechado de virtudes. Este amor tan necesario y carente en muchos hogares, debe ser evaluado y retomado en cada esposo. En mi trabajo de consejera y psicóloga cristiana, a diario encontramos esposas que expresan que sus maridos las desprecian por su apariencia física, forma de expresarse o actuar, esta acción, no solo denigra a la esposa, sino que hace lucir muy mal al esposo ante el reto de hombre benigno que debe representar.

Amor sin envidia: Un esposo de este calibre, no posee sentimientos de tristeza o de enojo en relación a lo que es y hace su amada, ya que no existe rivalidad, más bien, valora, respeta y se siente orgulloso de lo que es, sabe y vale su amada.

Amor que no es jactancioso, ni se envanece: Un amor no jactancioso, es aquel en el cual no existe el querer gloriarse, ni enaltecerse a sí mismo por cosas materiales o logros. No es petulante, engreído, creído u orgulloso, más bien humilde, modesto, sencillo, su deleite es que su esposa y su familia estén bien, sobre todo, rindiéndole honor y gloria al Señor, porque está convencido de que lo que sabe y tiene, se lo debe a Él.

Amor que no hace nada indebido, ni busca lo suyo: Este amor jamás será injusto o cometerá acciones viles o prohibidas, no hará nada ilícito que afecte a su esposa, al contrario, todo lo que realice, lo hará en beneficio de su familia.

Amor que no se irrita, ni guarda rencor: Gran reto para el esposo. No se enoja o enfurece con facilidad, ni es rencoroso ante los agravios recibidos, más bien es extremadamente pasivo, sosegado y muy entendido.

El amor nunca deja de ser: basado en esta premisa, la palabra de Dios deja ver claramente lo establecido en torno a lo que es la preeminencia del amor.

Como a sus propios cuerpos: *Así también deben amar los maridos a sus mujeres, como a sus propios cuerpos. El que ama a su mujer, a sí mismo se ama. Efesios 5:28.* Este versículo es una herramienta fiable para evaluar y saber, si realmente el esposo ama a su esposa. El ser humano tiene la tendencia de ser un poco egocéntrico con su cuerpo, no permite, por lo general, que otros se aproximen sin un previo consentimiento.

El amor propio muchas veces rebasa los límites establecidos por Dios, por tal razón, si amas a tu esposa como a tu propio cuerpo, está prohibido repudiarla o criticarla porque son una sola carne, si te amas a ti, la tienes que amar con la misma intensidad. **Maridos ásperos:** Maridos, amad a vuestras mujeres, y no seáis ásperos con ellas.Col. 3:19. El buen maestro repite. Más de una vez, Dios resalta el amor que debe sentir el esposo a su amada ¿Por qué será? En este versículo, recalca el no ser ásperos con ellas, en otras palabras, no ser rudo, seco, duro, agrio, avinagrado, ácido, arisco, insociable, intratable, esquivo, desabrido, enojoso, brusco, tosco, difícil, distante, violento, severo, rígido o estricto, tal vez muchos sinónimos, pero muy importantes cada uno, cuando de aspereza hacia la mujer se trata. La aspereza marchita la relación matrimonial.

Sabiduría y honor, como a vaso más frágil: *Vosotros maridos, igualmente, vivid con ellas sabiamente, dando honor a la mujer como a vaso más frágil, y como a coherederas de la gracia de la vida, para que vuestras oraciones no tengan estorbo. I Pedro 3:7.* Este postulado de mi Señor en torno al trato del hombre hacia la mujer, me cautivó y me sigue cautivando. Es grato conocer el cuidado y amor que Dios siente por la mujer, y su deseo de que el esposo le preste atención, su preocupación y anhelo hacia la esposa, no solo tiene que ver con el cuidado físico y espiritual. A Dios le preocupa que el esposo cuide del alma de su amada. Primeramente, le exhorta a que sean sabios con ellas.

Veamos todo lo que encierra la sabiduría. Es una persona que posee la facultad para actuar con sensatez, prudencia o acierto, es culto, ilustrado, instruido, educado, inteligente, competente, experto, prudente y juicioso entre otros. Esposo, ante tanta sabiduría, sé lumbrera en su camino, mantente presente, amala, comunícate. Sé cuidadoso cuando llore por algo que le emocionó, entiéndela, no te burles. La psicología de la mujer es diferente a la del hombre, tal vez lo que tú encuentres ridículo, pero para ella tiene un alto grado de emotividad, su constitución emocional, radica en ser un vaso más frágil, por tal razón fue ideada para amarte, cuidarte, valorarte y para cargar en su vientre el fruto de la unión de ambos, además son coherederas de la gracia de la vida, no están excluidas por Dios. La herencia de la gracia que fue dada al varón, también está accesible para ella. Es triste decirlo, pero cada día son más los esposos que pierden la bendición de Dios, sin saberlo, por el mero hecho del trato deficiente que muestran por con la esposa. Amigo lector, trabaja esta área en tu matrimonio, si eres un tanto áspero o no eres sabio tratándola, corrígete. Es posible, que como dijimos anteriormente, estés reflejando viejas formaciones que no han sido identificadas y mucho menos sanadas, por ende, estás tratando como te trataron, o como trataron a los tuyos. No olvides que tus oraciones pueden ser estorbadas y tus peticiones no contestadas, por la forma de tratar a la persona que le juraste amor y respeto hasta que la muerte les separe.Cuídala, valórala, comunícate, no sea que otros le quieran decir lo que te compete a ti.

Peor que un incrédulo: Porque si alguno no provee para los suyos, y especialmente para los de su casa, niega la fe y es peor que un incrédulo. 1Tim. 5:8. Esposo, recuerda este principio bíblico, que tiene que ver con el galardón que recibes cuando honras, proveyendo lo que necesita tu esposa en todo el sentido de la palabra. Adquieres de parte de Dios su nobleza, generosidad, libertad, pasividad, compasión y su piedad, en cambio, cuando la provisión es limitada o nula, poseerás el título de incrédulo, o sea, una persona que no cree en las cosas que no ve, o que no se han probado como evidentes, aunque estén aceptadas por las demás personas, en este caso por Dios, es uno que no tiene fe o creencias religiosas. Sin fe es imposible agradar a Dios.

La benevolencia de Jehová: *El que halla esposa, halla el bien, y alcanza la benevolencia de Jehová. Pr. 18:22.* Aunque nos hayamos hecho a la idea, o la sociedad continuamente refute el valor de la esposa, la palabra no se equivoca. El que halla esposa, halla el bien, da y recibe bendición, alcanza la benevolencia de Jehová. Benevolencia es una cualidad del ser humano, con la que demuestra en sociedad, que se es bueno con los que se convive. Según su etimología, benevolencia se compone de los términos "Bene" significa "Bueno", y "Volo", que quiere decir "Querer". Es decir, que una persona que es Benevolente es buena, primeramente, con los suyos y con los demás. Sus sentimientos, dictan que las acciones que tiene que tomar, deben beneficiar a su esposa primeramente (según este versículo), incluso si su bienestar se ve comprometido. Tal vez no es fácil el rol que nos toca vivir al esposo y a la esposa, pero no imposible, más cuando tenemos a nuestro amado Señor como cabeza del mismo. Emprender esta historia de vida, llamada matrimonio, jamás hubiera sido posible, si no hubiese llegado Jesús a nuestras vidas. Entendí que todo es posible, si podemos creer. Amados esposos y esposas, no olviden valorarse, amarse y respetarse, Al final todos se van, pero quedan ustedes acariciando el bello destino llamado vejez. Vale la pena cualquier sacrificio.

Reflexión: Un matrimonio en línea con lo que Dios estableció, traerá gran paz y eterna bendición.

Pastora Sonia

Capítulo 10

UN RETOÑO DISCAPACITADO

ontinuar mi vida en esta nueva etapa fue un aliciente muy esperanzador, todo iba tomando un giro a pedir de boca, tenía mi nuevo hogar, una

> *El rey le dijo: ¿No ha quedado nadie de la casa de Saúl, a quien haga yo misericordia de Dios?*
> *2 Samuel 9:3*

profesión adquirida con altos honores, un trabajo, mi primer carro, dos hijos maravillosos, la bendición era completa. Siempre había deseado tener tres hijos y Dios me concedió mi petición, era el primero de mis embarazos que no presentaba complicaciones, venía en camino mi hija menor, todo era dicha, emoción y alegría, lo que no tenía era ni la más remota idea de lo que estaba por suceder. Al nacer nuestra hija, la llevamos a nuestro hogar con el fin de seguir nuestra vida, pero ahora con una nueva integrante familiar, al pasar los días, me extrañaba que mi hija no moviera sus manos, ni su cabecita con la fluidez que se requería para el tiempo que tenía. La llevamos al médico, ante la justificada preocupación, el doctor me dijo que había niños que mostraban un desarrollo motor tardío y me tranquilizó, ya que yo conocía un poco del tema. Al transcurrir el tiempo, no había cambios favorables para mi hija. Volví a insistir al médico para que la evaluaran con mayor detenimiento, ante mi preocupación por lo que estaba observando en ella. No se volteaba, ni siquiera se movía, en el lugar donde la colocaba, ahí se quedaba. Le hicieron varios estudios, los cuales arrojaron una discapacidad severa, no podía creer lo que estaba escuchando. Sentí que se me derrumbaba el mundo ante aquella dolorosa noticia.

Discapacidad, mito o realidad

Al narrar esta experiencia de vida, quiero ser muy sincera, no porque no lo haya sido anteriormente, sino por todo lo que significó inicialmente para mi familia y para mí, esta punzante vivencia. Inicialmente pensé que Dios solo permitía que todo lo malo estuviera diseñado para mí y ahora también para mi familia, miles de preguntas susurraban en mi cabeza ¿Será cierto lo que estoy viviendo? ¿Por qué a mí? ¿Me dejará mi esposo ante esta nueva eventualidad? Esta última pregunta era válida, ya que era muy común ver a madres solas en las citas médicas con sus hijos, la mayor parte de los padres, las abandonaban ante la eventualidad del nacimiento de un hijo/a discapacitado. Había estudiado sobre el tema, ya que como educadora de niños se requiere adquirir conocimiento del mismo, pero del dicho, al hecho, hay un gran trecho. La pregunta obligatoria era cómo iba a lidiar con una hija discapacitada, si apenas estaba comenzando una nueva vida que todavía emanaba ruinas ¿Cómo poder enfrentar este nuevo dolor con la entereza y la pericia que se requería, si yo no poseía ninguna? Apenas estaba comenzando a ajustarme con la crianza de mis hijos, la cual no había sido fácil, dado a mis deformaciones emocionales ¿Cómo podría hacerlo con una hija discapacitada severamente? Un nuevo y doloroso golpe emocional, acababa de sumarse a los ya existentes. Compartiré contigo, amigo/a lector la siguiente información, la cual es básica conocer, para enfrentar esta nueva vivencia, además para ayudar a las familias que están viviendo esta experiencia.

Un nuevo impacto emocional

La llegada de un hijo/a discapacitado, crea un impacto emocional muy fuerte para toda la familia. Nunca se está preparado para enfrentar tal noticia. Se vive el embarazo con ilusión, esperando la llegada de un hijo/a sano y ocurre todo lo contrario. Vislumbrándose un futuro incierto. Cabe señalar, que es imposible predecir el curso del proceso que los padres y la familia en general va a tener que enfrentar, ante la aceptación y el proceso de esta eventualidad. Todo era nuevo para mí, hasta el concepto microcefalia, el cual era su diagnóstico.

Microcefalia

Esta fue la información que tuve que integrar a mi vida, para entender un poco lo que le estaba pasando a mi hija. La microcefalia, es un trastorno neurológico poco frecuente. Una de sus características más marcadas, es el tamaño de la cabeza y otras extremidades, menor, comparada con la de otros infantes de la misma edad y sexo. Se puede detectar al nacer o luego. En relación al diagnóstico, el médico pregunta sobre la historia familiar médica del infante. Le realiza un examen físico, mide la circunferencia de la cabeza y la comparará con una tabla de crecimiento, puede realizar una tomografía computarizada, también una resonancia magnética de la cabeza y un análisis de sangre, para ayudar a determinar la causa del trastorno, nunca me dijeron cuáles fueron las razones reales o el porqué de su padecimiento, solo certificaban que era microcefalia. La realidad de un cambio de vida, sumida en citas y hospitales, acababa de comenzar.

Tratamiento

A excepción de la cirugía para el cráneo (sinostosis), o sea, una operación para el cierre precoz de una o más suturas craneales. Por lo general, no hay ningún tratamiento para agrandar la cabeza o revertir las complicaciones, los programas de intervención en la infancia, que incluyen terapia del lenguaje, terapia física y ocupacional, pudieron ayudar a mí hija a fortalecer sus capacidades motoras, pero no fue suficiente. Cuando tuvimos que entrar en este proceso, parecía que nos hablaban en otro idioma, todo era nuevo y muy difícil. Tuvimos que tomar fuerzas de donde no teníamos, para retomar una nueva vida. Recibió todo tipo de tratamientos y terapias, pero al pasar del tiempo, todo lo aprendido se desvanecía, al igual que su salud y su cuerpo, el cual se iba deformando. Enfrentando esta dura y difícil prueba, me encontraba yo.

Las causas

Las causas pudieran ser genéticas, los médicos me indicaron que, así como la fusión prematura de las articulaciones entre las placas óseas o alguna complicación en la gestación, como infecciones del feto, le pudieron haber hecho daño. Las complicaciones pueden incluir: Retrasos en el bebé durante el desarrollo, dificultades marcadas en la coordinación y el equilibrio, enanismo, distorsiones faciales, hiperactividad, trastornos mental eso convulsiones. La mayoría de estas condiciones las padecía mi hija, en adición a eso, nunca comió por sí sola, no habló, ni caminó, ni siquiera se podía voltear. Otro golpe a una mente débil y deteriorada, me sentía culpable por ser la responsable de tener una hija discapacitada, el gigante dormido llamado temor, volvió a resurgir ante tal eventualidad, cualquiera que fuera la causa de la discapacidad de mi hija, acrecentaba en mí un fuerte sentido de temor, culpa y rechazo. Según mi percepción, una vez más, sería la causante de tanta desgracia y desolación. Indagar más sobre el tema fue una de las decisiones y acciones que tuve que tomar.

Información relevante

La llegada de un hijo discapacitado, puede provocar una herida en el orgullo propio de los padres, e implica un periodo de duelo, ya que han perdido al hijo sano. Se comienza a vivir un duelo por la discapacidad, este se divide en varias etapas, las cuales hay que enfrentar para superarlas, poder llegar a la aceptación y realizar un trabajo digno de esta criatura, que no pidió tener esta discapacidad, y para el resto de la familia, que tampoco esperaba esta adversidad, pero es una realidad, estas son las mismas etapas que se viven cuando perdemos un ser querido.

Etapas del duelo ante la discapacidad

La negación: "Esto no me puede estar pasando a mí", puede ser la reacción de los padres ante esta eventualidad.

El anhelo: Cuando le piden a Dios que cambie el rumbo de esta historia, ya que es demasiado dolorosa para ser real.

La ira: los padres se pueden enojar y culpar a cualquier persona como responsable por el evento vivido.

La tristeza o depresión: se sienten abatidos y con poco o ningún deseo de seguir hacia adelante, pueden perder el interés por realizar cualquier actividad.

La aceptación: Conscientes en aceptar que lo que está sucediendo es realidad, buscan la manera de enfrentarla y seguir viviendo de una manera positiva, que redunde en el beneficio de la criatura discapacitada y los otros miembros de la familia.

Reflexionando

Las fortalezas que tengan las personas involucradas en el manejo de conflicto, hará más fácil la tarea de enfrentar el duelo. Quiero exponer, que no todos pasan por estas etapas, pero siendo sincera, para mí y para mi familia, fue un fuerte impacto conocer y enfrentar la discapacidad de mi hija, y como ya he resaltado en esta disertación, mis fortalezas y habilidades sociales eran endebles y limitadas, no había mucho por hacer. A continuación, reseño algunos aspectos negativos que pueden evidenciarse en los padres y familiares de la criatura discapacitada, además de los observados en el duelo ante la discapacidad. Conocer esta información nos ayuda a no sentirnos culpables con lo que sentimos, más bien, nos equipa para poder realizar un trabajo de calidad con el hijo/a que nos acaba de nacer.

Enfrentando la discapacidad

Quiero, además, compartir con ustedes una información que fue fundamental en mi vida, en relación a que debo saber, y como enfrentar la realidad cuando un hijo/a discapacitado toca las puertas de un hogar, además, para los líderes cristianos, cuando tienen que asesorar o trabajar con estas familias cristianas especiales, que perseveran en sus iglesias. La tendencia, consciente o inconsciente de las personas alrededor de la discapacidad en muchos aspectos, es dolorosa. Se tiende a rechazar, marginar o herir, cuando el comportamiento de este niño/a se torna insoportable, por movimientos, sonidos, ruidos o algún tipo de conducta hiperactiva que pueda manifestar. Sería maravilloso que las iglesias estructuraran un plan de trabajo, equipando al personal educativo, para atender esta población, mientras que los padres puedan tener un momento de tranquilidad y confianza para poder oír la palabra de Dios, esto les ayudaría a renovar fuerzas para continuar con su afanosa encomienda. Aprovechemos a tantos maestros, muchos de ellos de educación especial, o de la corriente regular, que perseveran en nuestras iglesias, tanto para orientar, como para brindar tiempo de calidad para rendir en esta bella labor en nuestras iglesias, o solicitemos orientación apropiada en torno al tema, con personal del Departamento de Educación de tu comunidad, para aprender a lidiar con estos niños.

Sé que con gusto orientarán al personal de tu iglesia, para bendecir esta población. Recurrir a las redes informativas por dicha ayuda, también puede ser factible. Espero que estas palabras te motiven a actuar a favor de esta población especial, juntos podemos ayudar a los padres y familiares de nuestros hermosos niños discapacitados mientas llegan a nuestras iglesias. Señalar y opinar es fácil, pero nadie sabe lo que vive un padre y una madre en esta situación. Todos podemos ayudar a minimizar el tumulto emocional que puede desencadenar esta vivencia. En tus manos está.

Posibles sintomatologías emocionales ante la discapacidad

Cabe señalar, que existen posibles reacciones que se pueden experimentar en torno al conocimiento de la discapacidad de un hijo. Entre las desorganizaciones emocionales existentes, podemos encontrar las siguientes: Tristeza, rechazo, dolor, frustración, desilusión, llanto, miedo, aislamiento, ansiedad, coraje con el cónyuge y con Dios.

Aspectos psicológicos nocivos Algunos aspectos psicológicos limitantes que pueden surgir como defensa ante la noticia de la discapacidad pueden ser la, anestesia temporal. Esta anestesia va a darle a la estructura psíquica, tiempo para elaborar un sistema de defensa más adecuado ante el evento, esto puede provocar que los padres tengan una visión muy limitada de su situación, están aturdidos y presentaran dificultades para responder ante las personas y situaciones de la vida diaria, esto se relaciona con la manera como entienden las cosas, lo que el equipo de profesionales que atienden a su hijo les dicen acerca de su diagnóstico y pronóstico, por otro lado, la información que en ocasiones se le intenta transmitir, es como si no las entendieran, se produce un desacuerdo entre el saber y la verdad, comprenden las palabras, pero no escuchan la verdad, pues esta implica un dolor intenso y en muchos casos, es destructivo para la estabilidad emocional.

Comportamientos reactivos   En algunos casos, se presentan comportamientos reactivos. Algunos padres y madres, en el intento de esconder la realidad de sus hijos, llegan a ocultarse ellos mismos, hasta a aislarse de sus amigos y parientes. La vergüenza es otro sentimiento que puede aflorar, el desarrollo del menor, al ser diferente, produce sentimientos de turbación y vergüenza en presencia de otras personas, o por la continua frustración por la dependencia, o el bajo desarrollo de su hijo/a, además, los padres se enfrentan a la aparición y oposición de dos deseos incompatibles, por una parte, el deseo de atender y proteger al niño limitado porque es su propio hijo, por otro lado, aparece el rechazo por su limitación, estos sentimientos son muy peligrosos ya que este proceso se puede dar, justo en el momento en que su hijo más los necesita a nivel de la aceptación, protección y apoyo. Los padres, en muchos casos, son los que sufren mayor depresión, quizás por la dificultad que tienen para expresar sus sentimientos, en este sentido, suelen presentar un acercamiento continuo y en ocasiones lento, en cambio, las madres muestran periodos de ánimo y crisis, presentando una mayor tendencia a la aflicción, a sentir culpa y a necesitar exteriorizar sus sentimientos, lo que les ayuda a evitar la depresión.

Es importante evaluar cualquier comportamiento, ya que los mismos, indican si el proceso va siendo productivo o si requiere ayuda. No olvidemos que todos los extremos son peligrosos.

Indicadores que pueden evidenciar dificultades en dicho proceso

1. Apego excesivo 2.Sobreprotección 3.Trato negligente o de abandono. 4. Pobre o nula participación en el proceso de rehabilitación del menor 5.Abandono personal 6. Actitud Sacrificada 7. Sobre exigencia al menor 8. Sobre estimulaciones. 9. Actitudes de huida 10. Actitud desafiante o agresiva y de desautorización respecto al profesional o equipo 11. Altos niveles de ansiedad. 12. Cambio en el estilo de vida.

Hay salida y apoyo para todo, la clave es conocer, aceptar y actuar con confianza.

Ayuda profesional para los padres

1. Los padres tienen derecho a apoyo, hasta lograr alcanzar las herramientas viables para que llegue a la etapa de la aceptación y acción favorable

2. Debe estar bien informado del tipo de discapacidad que padece el menor, para poderlos ayudar en su desarrollo con la habilidad que se requiere

3. Crearle conciencia a papá y a mamá, que su hijo siente como cualquier otro. Entiende el rechazo, el amor y la agresión, por lo que conviene, que se enfoque en lo que puede y sabe hacer, y no en sus limitaciones.

4. El apoyo es mutuo, o sea, de ambos padres. No es justo que sólo uno lleve la responsabilidad total de

esta labor titánica que requiere, sobre todo, unidad.

Retos que cada familia debe enfrentar, integralmente

Es recomendable que acudan a terapias de rehabilitación y a estimulación temprana. Es bueno que te pongas en contacto con otros padres que tengan hijos con discapacidades especiales, para compartir experiencias y emociones. Atiende a tu hijo, sin olvidarte de tu vida personal, y la del resto de la familia, no es fácil, pero se puede. Estén pendientes a su relación de pareja, ya que existen muchas separaciones en estos hogares, por la falta de destrezas para enfrentar la eventualidad. No rechace el apoyo de familiares, amigos y profesionales de la salud y educativos. Conocer esta información, fue de suma ayuda para equiparme, y para preparar a mi familia en torno a cómo íbamos a enfrentar esta nueva eventualidad. Aunque a nivel espiritual, me sentía desvalida, ya que todavía al momento del nacimiento de mi hija, no le había entregado el corazón a mi Señor Jesús, esta vivencia, me estaba haciendo entender que tenía que hacer algo al respecto.

Todo obra para bien

Todo obra para bien, conforme hayamos sido llamados. Ro. 8:28

¿Cómo poder percibir un bien ante todo este nuevo y difícil episodio de vida? Dios y su palabra no se equivocan, era tanto el dolor, que ya me estaba rindiendo. Ciertamente, todo obra para bien. Rendirme a los pies de Jesús ante mi gran necesidad, fue y ha sido, la mejor decisión que he tomado de mi vida. La vivencia de tener una hija discapacitada, no solo me trajo a los pies de Cristo con toda mi familia, sino que dejé de compadecerme ante mi realidad y comencé a sentir el amor más hermoso que una madre puede tener por un hijo especial. Jesús me enseñó a valorar mi vivencia, éramos sus ojos, su boca, sus manos y sus pies. Amo a mis hijos y nietas con todo mi corazón, pero el amor que se llega a tener por un hijo especial, sobrepasa todo entendimiento.

En la actualidad, trabajo con familias que pasaron por vivencias similares a las mías, además de infundir apoyo, motivación y esperanza, les imparto conocimiento educativo psicológico y bíblico de, cómo poder enfrentar y lidiar con amor y paz, la llegada de un hijo discapacitado al hogar. Todo obra para bien, conforme hemos sido llamados. Dios me equipó y transformó mi vivencia, hoy puedo ayudar a otros, no solo con el conocimiento adquirido, sino con el amor que me obsequió mi Jesús, para recibir y para dar. La palabra comenzó a revelarse de inmediato a mi vida y encontré enseñanzas maravillosas en torno a mi vivencia. Me rendí y Él obró. *El sacrificio aceptable delante de Dios es el espíritu quebrantado; un corazón contrito y humillado, oh Dios, no lo despreciarás" Sal. 51:16- 17.* Comencé a entender, primeramente, que no estaba sola y que la intervención divina en mi vida, era el antídoto que le faltaba a mi vacía existencia. Una historia que estremeció mi vida hasta hoy y que me dio una tremenda enseñanza, la encontré en Mefi-bosetl hijo de Jonatán y nieto de Esaú.

Mefi-boset un hijo discapacitado

Y Jonatán, hijo de Saúl, tenía un hijo lisiado de los pies. Este tenía cinco años cuando de Jezreel llegaron las noticias, de la muerte de Saúl y Jonatán, y su nodriza lo tomó y huyó, pero sucedió que, en su prisa por huir, él se cayó y quedó cojo. Su nombre era Mefi-boset.2 Samuel 4

Esta historia caló muy hondo en mi corazón, por la similitud con mi vida en todo el sentido de la palabra. Sigo teniendo como tarea, buscar si la palabra registra, quién fue la madre de Mefi-boset y que fue de ella, ya que tuvieron que huir ante la terrible situación que vivía la familia, pero quien salió corriendo con él fue su niñera. Lo que sí es evidente, es que sufría una severa lesión en las piernas. Aquí mi historia comenzó a tomar sentido, mi hija me tenía a mí y a su padre, Mefi-boset solo a su niñera y tenían que huir sin nada (como tantos discapacitados que no tienen personas idóneas que les amparen). El nombre de Mefi-boset, en hebreo es Me fîbôsheth, quiere decir, el que esparce o difunde vergüenza y destrucción. Tremendo, el significado de este nombre va en línea con lo establecido anteriormente en torno a los aspectos psicológicos nocivos que conlleva la discapacidad, enorme el peso para un niño de apenas cinco años, difundir vergüenza y destrucción. No solamente cargaba con una condición física angustiante, sino que acarreaba el peso de la culpa ante la desobediencia de sus descendientes, su abuelo Saúl y, por ende, su padre, Jonatán. Mefi-boset, también pagó prendas en el asunto, ya que tanto su padre, como su abuelo, murieron el mismo día ante la desobediencia del rey Saúl a Jehová y tiene que salir huyendo. Tenga misericordia Dios de nuestras generaciones cuando se cumple la palabra cuando dice: *"Que visito la maldad de los padres sobre los hijos hasta la tercera y cuarta generación de los que me aborrecen."Éx.20:5-6b.*

Promesas para el discapacitado.

Es impresionante resaltar, como nuestro Señor actúa cuando de bendecir y cumplir sus promesas se trata. No le importa el tiempo que pase, o si las personas involucradas en la promesa ya no viven, Él sigue siendo fiel. Esto sucedió con Mefi-boset, *David había hecho un pacto con su amigo, que ante esta eventualidad, era el tiempo de cumplir. El rey le dijo:¿No ha quedado nadie de la casa de Saúl, para que yo lo favorezca con la misericordia de Dios? Respondió Siba al rey: Aún queda un hijo de Jonatán, lisiado de los pies. ¿Dónde está? le preguntó entonces el rey. Siba respondió al rey : Está en casa de Maquir hijo de Amiel, en Lodebar. II Sa. 9: 3-4*

Sal de Lodebar.

Lodebar es un lugar al este del Jordán,significa, tierra árida, hostil y seca. Tierra de nada, donde no crece el pasto, ni produce fruto la tierra, es un lugar desierto, nominada, además, como la tierra de nunca jamás. Nunca más a sus sueños, ilusiones ni anhelos, tierra de desdicha y de sus frustraciones.

Allí tenía que ver, como los demás podían disfrutar de caminar, correr, saltar; de poder ir de una ciudad a otra sin miedo de ser capturado y ejecutado en cualquier momento. Sin fe, sin esperanza, sin Dios. Un lugar inhóspito, donde se refugiaban los endeudados, los despojados, los perseguidos, los abusados y los golpeados por la vida, que cayeron en desgracia, por alguien que los dejó caer. Lodebar, también puede tipificar, "no palabras o cero comunicaciones, porque el dolor nos lleva al silencio, el sufrimiento al temor, a la inseguridad", y a la desconfianza de nosotros mismos y hacia los demás. No era suficiente para Mefi-boset, cargar con el pesado nombre que difunde vergüenza y destrucción, lo habían llevado a un lugar digno del mismo. Lo maravilloso de mi Señor, es que desborda esperanza para Mefi-boset y todos los discapacitados del mundo. El único requisito es que, tanto los padres como el hijo/a discapacitado, tienen que salir de Lodebar.

Mi Lodebar Así me sentía antes de conocer a Jesús

Arrastrando mis cadenas, cautiva en una jaula, incompetente y seca, desértica, carente de fruto. Una mujer frustrada, no podía caminar, correr, saltar; o ir a otro lugar, no sabía cómo ni dónde, sentía que podía ser capturada y ejecutada nuevamente en cualquier momento, sin fe, sin esperanza, sin Dios. Mi Lodebar era un lugar desértico donde me cobijada yo, endeudada y silenciada, insegura, despojada de mi integridad, burlada, golpeada. Me fue quitada toda emoción y sentimiento positivo. Huía de mí misma, ya que me perseguían los malos recuerdos, ocasionados por algo o alguien que me dejó caer. Gloria a mi Señor me saco de ese lugar tan desértico, me mando a buscar, porque soy heredera de una promesa como la que hizo David con Jonatán, el padre de Mefiboset. Hasta que no salgamos de esa tierra desierta, donde solo se recrea el problema, y no vayamos a la tierra donde se encuentra el que soluciona y lleva las cargas de nuestro problema, no vamos a entender el porqué de las cosas. Tenemos que salir de Lodebar para poder habitar en la casa del Rey. Es ahí donde se cumplen las promesas y el pacto de amor, que Jesús demostró con su sacrificio en la cruz del calvario por nosotros. E hicieron pacto Jonatán y David, porque él le amaba como a sí mismo. Sam.18:3. La semejanza de esta historia con mi vida, me ministró a tal grado, que comencé a recibir sanidad. Mi hija era cómo Mefi-boset, discapacitada, viviendo en Lodebar. Yo también, discapacitada emocionalmente, llena de traumas en mi espíritu, alma y cuerpo, sin saber cómo salir de Lodebar, estaba como Mefiboset, lisiada desde mi niñez y las caídas posteriores me dejaron coja. *Y haced sendas derechas para vuestros pies, para que lo cojo no se salga del camino, sino que sea sanado. He. 12:13* Veamos el enfoque un poco más a fondo.

Similitud entre los traumas de Mefi-boset y los nuestros.

No podemos olvidar lo que establecí anteriormente, con esta enseñanza de Pablo a Tesalónica y para todo cristiano. Aquí vuelve a tomar sentido, para contrastarlo con la discapacidad y la manera viable de confrontarlo. *El mismo Dios de paz os santifique por completo; y que todo vuestro ser, espíritu, alma y cuerpo, sea preservado irreprensible para la venida de nuestro Señor Jesucristo.1 Ts. 5:23*

Trauma en el cuerpo

Cuando cualquier parte de nuestro ser integral se afecta, por lo general, va a trastocar nuestro espíritu, alma y cuerpo por completo. Uno de los traumas más persistentes en las personas que son discapacitadas, es el complejo, por la forma en que se ven y la forma que lo ven los demás. Por otro lado, necesitan una economía apropiada para enfrentar su trauma médicamente, con el fin de recibir cuidado físico, para proveer seguridad, descanso y recuperación luego de cada intervención, también necesitan afecto, el cual les cubrirá las deudas de amor, estima, y educación, proveyendo oportunidades para el aprendizaje e integración paulatina en la sociedad. En fin, necesitan de todo esto para poder vivir de la manera más saludable y satisfactoria posible, en la sociedad que les tocó vivir.

Pastora Sonia

El trauma en el espiritual

De ser descendiente de un rey, tiene que dejarlo todo, y salir huyendo para habitar en un lugar incierto, idolatra, improductivo, donde llegaba el perseguido y el desechado. Así nos pasa a nosotros cuando no conocemos o perdemos la perspectiva de quién es Dios y Su Santo Espíritu. Nos desviamos del camino que conduce al Señor y nos tornamos impíos, por tanto, no podemos desempeñar nuestro papel de guerreros/as. Mefi-boset pertenecía al linaje del rey, pero su discapacidad no le permitía estar en combate.

A nosotros nos pasa lo mismo sin Cristo, para que nuestras armas funcionen, tienen que estar encalladas en Jesús. *Amor, gozo, paz, paciencia, benignidad, bondad, fe, mansedumbre, templanza; contra tales cosas no hay ley.* No olvidemos lo que dice la palabra. *Porque las armas de nuestra milicia no son carnales, sino poderosas en Dios para la destrucción de fortalezas, derribando argumentos y toda altivez que se levanta contra el conocimiento de Dios, y llevando cautivo todo pensamiento a la obediencia a Cristo, y estando prontos para castigar toda desobediencia, cuando vuestra obediencia sea perfecta.2 Co. 10:4-6.* Cuando derribemos los argumentos que declaran y producen dolor, desesperanza pena, entre otros, podremos disfrutar de su presencia, ya que el torbellino traumático espiritual, será restaurado bajo la gracia de nuestro Señor Jesús. Y nos será devuelta la herencia que perdimos al estar lejos de la casa del rey.

El trauma en el alma

Varios fueron los incidentes que vivió Mefi-boset a tan temprana edad, por tales razones, fue un buen candidato para tener fuertes traumas a nivel alma. Perdida de sus seres queridos y sus pertenencias, su discapacidad, destierro, persecuciones, entre otros. Este bagaje vivencial, puede crear en cualquier individuo diversos trastornos. Aunque la biblia no lo registra, era posible que mientras Mefi-boset crecía en Lodebar, pudiera desarrollar las siguientes patologías emocionales: Ansiedad ante el futuro incierto, Miedo, angustia, aflicción, preocupación exagerada ante el temor de ser perseguido hasta la muerte(como le sucedió a su familia), depresión y tristeza, ante enfrentar esta agonía en soledad, sin sus seres amados y sin una dirección espiritual idónea, para sanar los traumas recibidos, agresividad, ira o coraje, por tener un papel protagónico ante tan inverosímiles episodios de vida, rechazo, raíz de amargura, detonando un pobre control emocional, manifestado en explosiones de llanto, sin aparente causa y en momentos inapropiados. Sus emociones, sentimientos y su voluntad, eran el vivo escenario que presenta un alma herida.

Todas estas malformaciones emocionales, pudieron estar activas en la vida de Mefi-boset y en la de cualquier persona, incluyendo los cristianos que hayan pasado fuertes trastornos emocionales, los cuales no hayan sido identificados y sanados. Una evidencia en torno a estos planteamientos antes presentados, pudiera ser la forma en que Mefi-boset, tristemente se expresa de sí mismo cuando se presenta ante el rey David, al salir de Lodebar. Y él inclinándose, dijo: ¿Quién es tu siervo, para que mires a un perro muerto como yo?2 Sam. 9:8. Se llamó un perro muerto, dando a entender que se sentía indigno, miserable y sucio. Algunos intérpretes explican esta acción como humildad o reverencia, difiero de esta interpretación, ya que, para ser humildes o reverentes, no es necesario tratarse como un "perro muerto". Estas expresiones pueden denotar un fuerte trauma a nivel del alma, posiblemente baja autoestima, pobre valía o rechazo, dichas secuelas emocionales eran muy posibles en Mefi-boset, por todo lo que sus vivencias arrastraban. No olvidemos que, de la abundancia del corazón, habla la boca.

Sintetizando

Tal vez Mefi-boset, al igual que tú, no recuerde todos los bienes que poseía o a los que tiene derecho, por la fuerte ceguera que acarrean los traumas, quizás había olvidado la mayoría de las victorias que Dios le había concedido y las que sigue dispuesto a conceder. La restauración comienza en la casa del rey, Él te llama, acude a Él, lleva todo tu equipaje, que Él no te dará carga que no puedas llevar, más bien, quitará toda tu carga, porque su yugo es fácil y ligera su carga. No oigamos más la voz del enemigo, que nos deja lisiados o cojos. La mentira, blasfemia contra ti, la vergüenza y la amargura, tienen que ser erradicadas, no para que vayan y vengan, sino para que sean sanadas y no nos avergüencen más. No podemos seguir perdiéndonos el privilegio de disfrutar de la ternura y la bondad de su restauración, tampoco del don inmerecido de su excelsa de gracia, ese privilegio nos pertenece, por el hecho de ser hijos/as del Rey de Reyes y Señor de Señores. Renunciemos a toda cojera física, emocional y espiritual para que sea sanada.

Y haced sendas derechas para vuestros pies, para que lo cojo no se salga del camino, sino que sea sanado. He. 12:13.

Comprender estas hermosas palabras, fue el bálsamo que necesitaba para seguir viviendo como esposa y como madre, mi vida no había acabado, apenas comenzaba. Mi amada Daryvette no fue un obstáculo, fue una bendición y motivación, que me ayudó drásticamente a cambiar mi perspectiva de vida. No solo abracé la fe en mi Señor Jesús, como esposa y madre, aprendí a ser más tolerante y solidaria, ya que, en su hermosa sonrisa y tierna mirada, parecía ver a Jesús que me decía: "Ten paz, todo tiene solución". Aunque nunca me pudo llamar "mamá", como educadora, valoré el mínimo intento de superación que tuvieran mis estudiantes. Bajé un poco el nivel de exigencia y me comprometí a ayudarlos más, ya que me quedaba claro, que no todos iban a aprender al mismo nivel, enseñanza que es más clara cuando se tiene un hijo/o que aprende

Pastora Sonia

poco o no aprende nada/a, educativamente hablando. A nivel profesional me motivé a seguir preparándome logrando mi maestría y doctorado en línea con el apoyo al necesitado. Ciertamente todo obra para bien, aunque todo tiene su final.

Llamada lúgubre

Un día recibí una llamada, donde se me solicitaba intervenir con caso de consejería. El cliente era un joven cristiano, un profeta de Dios, él tenía una situación matrimonial que quería consultar. Cuando lo llamé para confirmar la cita, sentí la voz de Dios en mi corazón que me dijo: "Atiéndelo, está como Elías en la cueva, le vas a ayudar a salir de su problema, luego escúchalo, porque tiene una palabra para ti". Llegó el día de la intervención, ciertamente fue una bendición. Cuando se iba a despedir le dije: "Dime tú ahora, la palabra que Dios te dio para que me dijeras". Su rostro cambio de tal manera, como si no creyera lo que estaba oyendo, él reaccionó como si le hubiera preguntado en silencio al Señor" ¿Por qué me haces esto?" Acto seguido, me dijo: "El final de la vida de su hija se acerca, ámela y cuídela, porque en breve, El Señor se la va a llevar, de ahí en adelante, su ministerio tomará un giro inimaginable". Continúo hablando, mientras que a mí se me formó un nudo en la garganta, le pedí fuerzas al Señor ante aquella amarga noticia, no quería llorar ante el hermano, dada a la victoria que habíamos obtenido minutos antes, no quería que se fuera a entristecer aún más por lo que me acababa de revelar. Recuerdo que cuando el hermano salió de mi oficina, dejé fluir mi amargo sentir, saliendo un profundo gemido de dolor de mi interior y grité "¡NOOO!" Cuando Dios habla, Su palabra se cumple. El Señor le otorgó un año más de vida a mi hija, tiempo en el cual me permitió hablar con mi familia, entrar en el proceso de la nueva eventualidad y despedirla con todos los honores que mi dulce Daryvette se merecía. Mi hija murió a los 21 años de edad, nunca se pudo voltear, menos gatear, caminar o expresar la dulce palabra "mamá", su partida fue el dolor más grande que he podido experimentar hasta el día de hoy.

Gloriosa revelación

Una noche lloraba amargamente ante la presencia del Señor, por su partida, era tanto el dolor, que sentí, que (literalmente) perdí el conocimiento y me desmayé ante la dura prueba, de inmediato tuve un sueño, donde veía a mi hija que se levantaba del ataúd donde había sido enterrada, se bajaba de él caminando hacia delante, de inmediato detuvo su caminar, dando media vuelta y mirándome fijamente, era la mirada más hermosa que mis ojos vieron jamás, y me dijo: "Mami, bendición" y continuó caminando hacia el infinito. Yo sé que después de muerto, nadie puede venir acá o viceversa. Y además de todo esto, hay un gran abismo puesto entre nosotros y vosotros, de modo que los que quieran pasar de aquí a vosotros no puedan, y tampoco nadie pueda cruzar de allá a nosotros. Lu.16:26 ¡Pero lo que viví y sentí fue tan real! Que, conociendo, que para mi Dios no hay nada imposible, sentí que en esa revelación solo quería consolarme y expresarme, con el inmenso amor que le caracteriza, que no me preocupara. Ahora mi hija estaba sana y con Él. Tengo la certeza que, en su presencia, mi hija puede hablar, caminar y expresar lo que siente. Dios fue tan maravilloso al permitirme esa revelación, que no solo me permitió verla sana, sino que me permitió oír su voz, mayor aún, escuchar de sus labios la palabra que por veintiún largos años le pronunciaba y nunca pudo repetir, fue la más hermosa voz que mis oídos hayan escuchado, no tiene comparación. Todavía al compartirlo, lágrimas brotan de mis ojos, porque nunca una madre dejará de llorar por un hijo/a que se va. Sin importar cuán restaurada esté. Permita el Señor, que cada padre y madre con un hijo discapacitado, pueda encontrar la paz y el gozo que solo proviene del Señor, y entender que, si este hermoso regalo aún vive, es porque hay un propósito de parte de Dios. Si ya no está, también lo hay.

El propósito de Daryvette

Quiero resaltar, que mi hija partió con el Señor cuando ya le servíamos a Jesús. Ella fue el vaso escogido por mi Señor, para que le conociéramos, aceptáramos y trabajáramos para Él hasta el día de hoy. Doy gracias por esta vivencia y por lo significó en mí, no podría terminar estas vivencias restauradas por mi Dios, sin exponer lo maravilloso que ha sido mi Señor, no solo al salvar nuestras vidas luego del nacimiento de nuestra hija, sino el hermoso llamado que estas experiencias recibidas provocaron en mí. Dedico este capítulo a mí amada hija Daryvette y a todas las criaturas discapacitadas del mundo, a cada padre y madre que, por ser seres especiales, Dios les otorgo éste ser tan especial. Bendiciones y mis respetos.

Reflexión: Todo obra para bien para los padres de hijos discapacitados, Su presencia traerá a tu hogar un fruto transformado.

Pastora Sonia

Capítulo 11

DIOS RESTAURA LO QUE PASÓ

Llegó el momento de exponer, como Jesús llego a ser el centro de mi vida en estas vivencias. Aunque cada capítulo tiene muy bien especificada

Aquello que fue, ya es; y lo que ha de ser, fue ya; y Dios Restaura lo que pasó.
Eclesiastés 3:15

su existencia y eficacia, aquí quiero resaltar otros aspectos fundamentales de mi Señor y mis vivencias con Él, dado que el objetivo principal de este libro es evidenciar quien es Él y lo que puede hacer en cada vida maltrecha. Quiero resaltar algunos datos necesarios, los cuales marcaron mi vida. Era un sábado en el mes de agosto de 1988, estábamos de fiesta, mi esposo cumplía años. Mi cuñado, el pastor Luis, llevaba más de once años predicándome de la existencia de un Dios y de su excelso poder para cambiar mí lacerada vida, le amo y admiro, porque nunca se cansó de motivarme y conducirme hacia la salvación. Recuerdo que en esa fiesta de repente dije: coman y beban todo lo que hay, esta será la última bebida alcohólica que se tomaran en mi casa, porque mañana mi esposo y yo nos vamos a convertir. Mi esposo no lo tomó en serio, ya que hacía tiempo que en su trabajo escuchaba una emisora cristiana, y me invitaba para que fuera a la iglesia, yo le contestaba: "Tú conoces mi religión y yo no tengo por qué ir a otra". No puedo explicar cómo, pero ese domingo llegamos a la iglesia temprano, me enlacé con los dichos de mi boca. El predicador ese domingo, fue el pastor Luis, siempre digo que, el privilegio de llevar a esta familia hacia la salvación le tocaba a él, ya que aquellos once años de persistencia, no fueron en vano. Cuando hicieron el llamado, sentí que algo me tomó por el cuello de mi blusa, casi arrastrándome, y sin yo planificarlo estaba en el altar. Mi humillación fue tan grande, que no podía ponerme en pie, ni siquiera podía levantar mi rostro del suelo, solo podía llorar y mi Señor estaba comenzando una obra de sanidad en mi vida. Para mi sorpresa, cuando apenas puedo levantar mi cabeza, vi a mi esposo y a mis hijos en el altar. Ese día mi familia y yo le dimos nuestro corazón al Señor Jesús, con pruebas y luchas, han pasado casi treinta años y estamos en pie por que su mano nos levantó ¡Gloria a mi Señor! *Yo te elegí antes de que nacieras; te aparté para que hablaras en mi nombre a todas las naciones del mundo. Jer. 1:5*

Ahora soy cristiana

La nueva vida en el señor fue maravillosa. Cada día me levantaba, preparaba un devocional a mi Dios, oraba, cantaba y hasta predicaba, era lo propio, tenía un excelente mentor, el pastor Pablo Fernández, mi primer pastor. Creo que, de él heredé un poco la pasión por la predicación y trabajar para el Señor. Le tomé un amor inmenso a la palabra de Dios, sentía como me hablaba, me revelaba su infinita verdad y comenzaba a sanarme y a darme instrucciones precisas para mi vida, para, eventualmente, poder ayudar a otros. Quiero mostrarle, amigo/a lector, el proceso sobre el cual, Dios ideó mi vida, para sanarme primeramente y equiparme para ayudar a otros. Su palabra fue la clave para mi transformación, ya que en ella hay medicina que sana, es por eso que en este capítulo, además de hablar de la sanidad que operó en mí, quiero compartirte los versículos bíblicos que fueron, que son y serán fundamentales en este hermoso proceso de restauración y vida en el Señor.

Que es ungir *El Espíritu del Señor está sobre mí, Por cuanto me ha ungido para dar buenas nuevas a los pobres; Me ha enviado a sanar a los quebrantados de corazón; A pregonar libertad a los cautivos, y vista a los ciegos; A poner en libertad a los oprimidos; A predicar el año agradable del Señor. Lc. 4:18-20*

Nunca podré olvidar esta palabra que me dio el Señor, a solo un mes de convertida. Sentía que me hacía un llamado y me turbé, ya que no sabía ni siquiera lo que era ungir, por otro lado, ¿Como yo iba a ayudar a sanar la gente, si yo estaba enferma?, Y además, llevaba a mi hija en una silla de ruedas por todos lados, nadie iba a creer en mí (según mi percepción). En mi desesperación por lo que estaba recibiendo, pero sin entenderlo, decidí llamar a mi hermana, ella pastoreaba con su esposo una iglesia en la República Dominicana, le expliqué lo que me estaba sucediendo, ella me tranquilizó bastante, hablándome de lo que es un llamado y el tiempo pautado por Dios para que este se realice, me enseñó lo que significaba la palabra unción y me dijo: "Sigue adelante, estudiando la palabra con ese fervor, que en su tiempo entenderás lo que Dios ha dispuesto para ti". Sus palabras fueron un aliciente muy grande en mi vida. Desde esa ocasión, lo sabrá cuando lea estas páginas, ella fue la que me motivo e inspiro a estudiar la palabra y a amar el ministerio de la sanidad, como lo hacia ella. Conocer la definición de unción, marcó el inicio de una carrera ministerial llena de retos, pero maravillosa.

Unción: En el griego, ungir es chrio, que significa, untar o frotar con aceite, para consagrar para un oficio o servicio religioso. En tiempos bíblicos, la gente era ungida con aceite, para sellar la bendición de Dios o el llamado en la vida de esa persona. La unción es símbolo de bendición, protección y empoderamiento, otro significado para unción es, escogido, Cristo Jesús fue escogido y ungido por Dios con el Espíritu Santo, para predicar las Buenas Nuevas de salvación y liberar a aquellos que habían sido cautivos por el pecado. *Pero vosotros tenéis la unción del Santo, y conocéis todas las cosas. 1Juan 2:20.*

Fue maravilloso entender, que Jesús no solo salvaba mi alma y la sanaba. El Señor me llamaba a trabajar para Él, a favor de las personas que habían pasado por tantas situaciones como las que había vivido yo, además me ungiría y revelaría, todas las cosas necesarias para esta hermosa encomienda, o sea, me daría a conocer su hermosa palabra, para realizar su trabajo con el conocimiento y la habilidad requerida. Era evidente que, para ayudar a otros, yo tenía que estar sana. Así lo hizo conmigo Jesús, me llamó, de inmediato me ungió, sellándome con este hermoso llamado, pero me puso en la rueda del alfarero.

En la rueda del alfarero

Aceptar el reto de Jesús, era sinónimo de sanar y restaurar todas mis vivencias escabrosas, pero también aceptar que tenía que enfrentar un proceso doloroso. Etapa en que muchos cristianos se caen, porque no quieren meterse en la rueda del alfarero, para que los hagan nuevos. Es muy común escuchar a muchos cristianos con buenas intenciones, decir: "Olvídate del pasado y sigue hacia adelante" .No basta con olvidar, hay que sanar.*Pero una cosa hago: olvidando lo que queda atrás y extendiéndome a lo que está delante. Filipenses 3:13.*

Este principio hay que evaluarlo con la exégesis debida, es cierto que debemos dejar el pasado deteriorado atrás, y concentrarnos en el aquí y ahora, en vías a perseguir y abrazar un futuro eterno, pero si no estás sano, no te vistas, que no vas. El caso del preso que murió con Jesús en el calvario, muestra lo contrario a este planteamiento, no olvidemos que este fue un caso particular, el cual, El Señor registra en su palabra, para que veamos el nivel de grandeza y de misericordia con el pecador. Pero no es esta la norma habitual, establecida para todo su pueblo. Sería fácil, así pecamos hasta reventar y luego nos vamos al reino de los cielos con Jesús, así no es, tenemos que sanar, entrando en el duro proceso. No podemos hacer como muchos escribas y fariseos religiosos, que se esconden detrás de la fachada de una aparente humildad, cubiertos con vestiduras que los cubren de un externo a otro, que oran y ayunan para ser vistos por los demás, pero son como una pared agrietada que amenaza ruinas, se desmorona inesperadamente y rápido. Por tanto, os será este pecado como grieta que amenaza ruina, extendiéndose en una pared elevada, cuya caída viene súbita y repentinamente. Is. 30:13. Eso era lo que había hecho por años, olvidar y seguir hacia otro capítulo, no había obtenido buenos resultados porque no había sanado, me faltaba el aditamento.

Pastora Sonia

Dios restaura lo que pasó: Esto implicaba ir al lugar de mi trauma, pero ahora acompañada de Jesús, para que sacara toda la basura, que aquella devastadora vivencia había provocado. El huracán había pasado, pero las ruinas que ocasionó estaban intactas, si las seguía olvidando y no confrontando, solo estaba limpiando lo que todos ven, pero mi cuarto y armario, están llenos de basura. En mis intervenciones con las personas que requieren sanidad, escucho bastante la aseveración, "yo estoy bien" o "yo ya olvidé eso". Cuando vamos de lleno al proceso de sanidad y restauración, lo que supuestamente quedo atrás olvidado, se ha convertido en un devastador maremoto de enfermedades físicas, emocionales y espirituales. Para poder extenderme a lo que Dios tiene para mí en mi futuro, requiero entrar en la rueda del alfarero para restaurarme y sanar, así me lo mostró Jesús, Levándome a enfrentar uno de los tragos más amargos de mi vida, ocurrido a mis seis años.

Enfrentando a mi agresor

Un día orando y clamando por todas las cosas que El Señor me estaba mostrando, tuve una visión que me desarmó y traspasó mi alma. En aquella visión me vi cuando tenía seis años de edad, comencé a llorar amargamente y le cuestionaba al Señor el por qué recordar eso ahora, en este momento de Gloria. Peor aún fue mi reclamo, cuando en llantos indecibles le pregunte: "¿Por qué no me defendiste si tú estabas allí?" Me dijo que, así como yo había sido abusada sexualmente, había miles de niños y niñas que les está pasando lo mismo en este momento, declaraba que Él no quiere que sus hijos sean lastimados, pero lamentablemente, el descuido de los padres, perdiendo el tiempo en cosas vanas, la pobre protección y la mente retorcida de aquellos que no quieren aceptar que Él es el dueño y Señor de todo, se entregan a sus pasiones retorcidas y ocasionan que esta aberración sea cada vez más frecuente. En la visión inicialmente, yo no podía llegar a Él (como me paso el día que fui violada). En ese momento no pensaba, ni que Dios existía, pero luego, veo sus manos extendidas y su bálsamo me ungía y me sanaba, era necesario ir a aquella dura realidad para ser sanada. Comencé a entregarle a Jesús en ese momento, toda malformación recibida, mi dolor, odio, resentimiento, mi valía, entre otras cosas, no podía describir el dolor que salía de mi interior, versus la paz que sentía cuando Él restauraba todas mis ruinas. Mi memoria se activó de tal manera, que recordaba todos los traumas y malas experiencias vividas, lloraba amargamente, pero al mismo tiempo le entregaba mi dolor a Jesús y recibía su bálsamo.

El rostro de mi agresor. En los años subsiguientes, hice lo indecible por no volver a mirar a mi agresor, si él venía por un camino, yo corría por otro, para no mirarlo, no volver a verlo jamás. Todo iba bien en aquella visión de sanidad con mi Jesús, hasta que en ella apareció el rostro de mi agresor. Esa vivencia me desarmó y me lleno de temor. "¿Que vas a hacer con él?" -me preguntaba Jesús-. Recuerdo un desgarrador grito que salió de lo más profundo de mi ser y dije ¡Nooo! Jesús se me acercó y me dijo: "Sí, entrégamelo, quiero liberarte de ese amargo dolor, yo di mi vida por ti y por todos los abusados sexualmente en la cruz del calvario". Recuerdo que comencé a sentir fuertes náuseas y una sensación de ahogamiento, cuando decidí entregarle a Jesús mi amarga pena, de repente, en aquella horrenda (pero necesaria) liberación, comencé a vomitar, y para mi sorpresa, lo que estaba vomitando era una serpiente gigantesca que se había alojado en mis entrañas por años y parecía que no tenía fin. Cuando todo aquel aterrador animal había salido por completo de mi ser, veía en la visión a Jesús sentado y yo arrodillada, abrazando sus pies, comencé a decir con llanto muy agudo, pero libertador, pero agudo: "Lo perdono, lo perdono, lo perdono, lo perdono".

Jesús me abrazó. Sentí los brazos de Jesús cubriendo todo mi ser y dándome nuevas fuerzas, ya que la vivencia, me había debilitado. Al principio no entendía el porqué de tener esta fuerte experiencia, solo a dos meses de convertida y sin ningún ministro de liberación a mi lado. El Señor no solo me estaba liberando y sanando, me estaba equipando, para ayudar a muchos hombres y mujeres que han pasado por valles de sombra de muerte, a través de casi treinta años de ministerio. No ha sido fácil, pero ha sido un privilegio ser usada por mi Señor, para ver hoy en día

Pastora Sonia   259 tantos ministros liberados de las ataduras del pasado tormentoso, haciendo Su voluntad.

Ciertamente, **Dios restaura lo que pasó.** Sentir aquel peso, que me asediaba por años, fuera de mí, fue algo indescriptible. Me sentía diferente, liviana, amada, protegida. Comencé de inmediato a dar por gracia, lo que por gracia había recibido (en la medida de mis conocimientos), se me acercaba mucha gente en necesidad y escuchaba la voz del Espíritu Santo, dirigiéndome para ayudar a su pueblo herido.

Recuerdo a un joven que conocí mientras ministraba en una iglesia, tenía un historial de vida devastador, comenzamos a trabajar con su vida y la obra que operó el Espíritu Santo en él, hasta el día de hoy, ha sido extraordinaria, tanto así, que un día me llamó y me leyó un versículo bíblico, que le ministro de manera sobrenatural, y quería compartirlo conmigo. Ciertamente había, hay y habrá, poder en esta palabra. Este ha sido uno de los pasajes bíblicos más emblemáticos en nuestro ministerio. *Aquello que fue, ya es; y lo que ha de ser, fue ya; y Dios Restaura lo que pasó. Ec. 3:15*

Restaurar (en griego anoikodomeo), es volver a construir o edificar, volver a poner una cosa en el estado en que se encontraba antes, sus equivalentes son: "Arreglar, componer, recobrar, reparar, recomponer, renovarse, transformarse, entre otras" .Dios quiere poner las cosas en su lugar en la vida de cada persona, los quiere llevar a otro nivel, donde

Pastora Sonia

impera la sanidad y la restauración, llenos de su amor y su presencia. "Aquello que fue", es todo lo que te pasó a ti y a mí, es todo lo bueno, lo malo y lo regular. Independientemente de lo que haya sido, de nada vale decir: "¿Por qué pasé por ahí?" o ¿Por qué no me quedé en casa? Esos argumentos no aportan en nada para tú restauración. Es una realidad, aunque pertenezca a tú pasado, no podemos hacer lo que vemos en las series animadas, tomar una goma, borrar esa escena que no nos gusto y seguir adelante, tenemos que enfrentarla y sanarla. No lo olvides, aquello que fue, ya es, y lo que ha de ser (todo lo que surja en tu presente), también sucedió en alguna temporada de la vida. Lo importante que nuestro Dios es el mismo, ayer, hoy y por los siglos, Él es el dueño del pasado, presente y futuro y está presto para restaurar lo que pasó, su animosidad para restaurar a su pueblo sigue latente. Lo hizo en mi vida, lo puede hacer en la tuya.

Todo obra para bien

Todo obra para bien conforme hayamos sido llamados. Romanos 8:28

Vuelvo a reiterar en este capítulo, lo importante que fue este versículo en mi restauración. Esta fue otra palabra que ministró a mi vida grandemente, Dios me revelaba a través de ella, muchas cosas que eran fundamentales para mi sanidad y el inicio de mi carrera ministerial. Dios no se complace con que suframos, Él dijo: "En el mundo van a tener aflicciones". Depende de nosotros, si vamos a transformar nuestras vivencias amargas en gozo y en estímulo para sanar y ayudar a tantas vidas que hoy se pierden, en sus mortandades emocionales. Me ayudo a entender, que todo obra para bien, ya que pude identificar todas esas emociones y sentimientos deteriorados, sus manifestaciones y trabajarlos, para poder ser útil a mí misma y mi familia. Pude entender que, ciertamente, todo es vanidad, que lo único que no gratifica y no perece es la salvación y el trabajo que realizamos para el Señor. Reconocer esta realidad y muchas más, me ayudó a entrar en el proceso, centrada en lo que verdaderamente prevalece, además, soltar mis cargas, ya que todo obra para bien, conforme hayamos sido llamados.

Yo reconozco. Porque yo reconozco mis rebeliones, y mi pecado está siempre delante de mí. Sal. 51:3)

Conocer en la biblia, el personaje de David, su vida, poder y entereza para la batalla, me cautivo en demasía. Me llamó, además, la atención su incidente con la esposa de Urías Hateo, Betsabé. Había resaltado en otro capítulo, parte del perfil psicológico de David, el mismo no lo justifica, pero puede explicar el porqué, de adulto, teniendo la posición que tenía y poseyendo todo lo que quería, abrazó el adulterio. Aquí, lo que quiero resaltar, no es su pecado, sino, como sale de él ¿Qué hace?¿Qué dice? Desde que descubrí esta verdad bíblica, cito este versículo en casi todas mis predicaciones: "Yo reconozco mis rebeliones y mi pecado está siempre delante de mí". Reconocer (en

Pastora Sonia

griego ginosko), es estar tomando conocimiento, admitir, aceptar como cierto. Particularmente en el contexto de pecados o crímenes cometidos, es declarar o afirmar solemne y formalmente, que algo es cierto, sus equivalentes son: Examinar, admitir, acatar, aceptar y asentir.Cuando entramos en esta dimensión, dentro de la sanidad, suceden cosas maravillosas, no es una etapa fácil, pero es muy necesaria, se trata de dejar de acusar a los otros, tengan culpa o no la tengan, más bien, es aceptar el reto de no seguir permitiendo que la vivencia castrante, continúe rigiendo nuestras vidas por siempre. Cuando reconozco, aprendo a entender y acepto lo que no se puede cambiar, lo que me toca hacer a mí y lo que le toca hacer a mi Señor (si el otro no quiere). Yo sigo luchando por la libertad que me fue legada en la cruz el calvario, en Jesús encontré salvación, vida eterna, restauración y sanidad, además, motivación para completar mis metas, y lo más hermoso, entender que fui ungida para sanar y ser sanada.

Epílogo

No olvides que, ciertamente, nuestro Dios restaura lo que pasó, recibe su sanidad, tú la mereces, declárate libre, déjate ungir por su gracia y su poder, aunque duela, entra en la rueda del alfarero, deja que el espíritu santo te de forma y te haga un vaso nuevo. Recuerda, que no basta con olvidar, hay que sanar, hay que enfrentar nuestro pasado, presente y futuro con la ayuda de Jesús. Nuestras vivencias no van a dictaminar nuestro hoy o nuestro mañana, pero, si están restauradas, se perfilan días mejores. No temas, reconoce y enfrenta a tú agresor las veces que sea necesario. Mírale a los ojos sin vergüenza y decreta la victoria, porque él está derrotado, a través del sacrificio de Jesús en el calvario. Renuncia a su daño, cancela su maldición, tanto en tu vida, como en tu descendencia, declárate libre y recibe el abrazo de Jesús, Él tiene amor y cuidado para ti. Como toda buena maestra, que quiere saber si sus alumnos aprendieron bien la lección, les presento los siguientes ejercicios, que les pueden ayudar a conocer un poco más sobre el tema de las vivencias. En este caso, evaluar qué han dejado y cómo están las tuyas al pasar de los años. Los siguientes ejercicios de auto ayuda, te puedan dar una idea más clara de cómo te encuentras en torno a las vivencias experimentadas en este momento. No son pruebas para diagnosticar ningún tipo de trastornos, son ejercicios de auto evaluación, apropiados para tu ayuda personal. Al evaluarte, trabaja con los resultados adquiridos, busca ayuda en Jesús, Él está presto para bendecirte y llevarte a un nuevo nivel, además, puedes buscar ayuda en tú iglesia, en tu escuela o con alguien de confianza, la idea es que, al conocer cuáles son los obstáculos vivenciales que no te permiten avanzar, reconocerlos, enfrentarlos y trabajarlos, para que declares a voz en cuello, ciertamente, ¡Dios restauró lo que pasó!

EJERCICIOS DE AUTO AYUDA PARA COMPLEMENTAR EL MATERIAL LEÍDO

Evaluando emociones y sentimientos recientes y persistente

Analiza las siguientes emociones y sentimientos que presenta esta tabla, si se identifica con alguna de ellas, márquela con una **X.** Debe prestarle mayor atención a las emociones que le han perdurado toda la vida y por años, aunque la existencia de cada emoción, debe ser tratada con el debido cuidado que amerita. Su salud emocional lo vale.

(**T-V**= Toda la Vida)(**A-A**= Algunos Años)

(**V-M** = Varios Meses)(**R** = Reciente).

Emociones y Sentimientos	T-V	A A	V-M	R	Emociones y Sentimientos	T-V	A-A	V-M	R
Desesperanza					Prepotencia				
Inseguridad					Control				
Vergüenza					Venganza				
Rechazo					Desconfianza				
Depresión					Poco afectivo/a				
Ansiedad					Tensión o rigidez				
Ira					Aislamiento				
Tristeza					Raíces de amargura				
Cansancio					Violencia				
Impaciencia					Incredulidad				
Bloque de recuerdos					Problemas en la sexualidad				
Perfeccionismo					Distancia de Dios				

Luego de evaluar los resultados, en oración, pídele revelación al Espíritu Santo, para que te dirija en sanidad y liberación de estos sentimientos tan estresantes, debes estar más pendiente a ti, y cuando se quieran volver a manifestar, no se lo vas a permitir. Existen pensamientos que te van a querer paralizar en tu pasado, trayendo toda esta carga emocional. No olvides que tu presente esta restaurado en Cristo Jesús y que ahora ciertamente, las cosas viejas pasaron, y todas son, y seguirán siendo nuevas.

Evaluando la Raíz de amargura.
Marca con una **X** las siguientes señales asociadas con la raíz de amargura.

1. Pensamientos Vengativos		9. Crítica constante		17. Intemperantes	
2. depresión		10. Blasfemos		18. Apariencia falsa	
3. Paranoias o manías		11. Traidores		19. Hipócrita	
4. Indecisiones		12. Impulsivos		22. Impíos	
5. Desobedientes		13. Aman de los deleites		23. Aman de los deleites	
6. Ingratitudes		14. Implacable		16. Ira	
7. Crueldades		15. Calumniadores		17. Distancia de Dios	
8. Perder el afecto Natural		15. Ocioso o perezoso		**2 Tim. 2:5 a éstos evita**	

Resultados: Cada una de estas señales debe ser observada con mucho cuidado, si las posees, pero si marcaste 9o más, debes conocer el porqué de estas conductas, ya que evidencian una fuerte tendencia a poseer raíz de amargura.

Pastora Sonia

Mirad bien, no sea que alguno deje de alcanzar la gracia de Dios; que brotando alguna raíz de amargura, os estorbe, y por ella muchos sean contaminados He. 12:15

Test del rechazo

Circula el número con el cual te identificas, en relación a las manifestaciones del rechazo

1. Reacciones de agresividad	9. Inseguridad	17. Ansiedad
2. No querer ser consolado	10.inferioridad	18. Aislamiento
3. Siente rechazo de los demás	11.Tristeza y luto	19. Egocéntrico
4.Duda y falta de confianza	12. auto condenación	20.Inmadurez emocional
5.Dureza emocional	13.Auto Acusación	21. Depresión
6.Malas palabras	14. Critico	22.Egoismo
7.Deseos de venganza	15.Temor al fracaso	23. Dificultad para comunicarse
8.Baja auto estima	16. Ansiedad	**Total**

Cada sentimiento debe ser analizado con cuidado, si son parte una conducta habitual, mas, si indicaste que posees **11** de estos comportamientos, posees fuertes sentimientos de rechazo.

El que a vosotros oye, a mí me oye; y el que a vosotros desecha, a mí me desecha; y el que me desecha a mí, desecha al que me envió. Lucas 10:16

Dios restaura lo que pasó Vivencias

Cuestionario de autoestima

Contesta con **Sí** o **No**, señalando cada **Sí** con **1** punto y cada **No** con **0** puntos. Sea honesto/a

1. Me expreso con facilidad ante las personas conocidas.		
2. Siento que yo valgo tanto como cualquier otra persona.		
3. Alcanzare mis metas y sueños, aunque otros no me apoyen o crean en mi.		
4. Si me equivoco rectifico sin sentirme mal ni culpable por ello.		
5. Creo que ya he alcanzado logros importantes en mi vida.		
6. Si algo no me gusta o no quiero hacerlo, no me siento culpable por ello.		
7. Me siento satisfecho/como soy y con la vida que llevo.		
8. Me resulta fácil expresar mis opiniones y mis gustos a otras personas		
9. Me resulta fácil mantenerme ocupado/a y llevar mis proyectos a cabo.		
10. Me adapto a los cambios y sigo con mis planes venciendo los obstáculos		
11. Dependa de Dios y de mí, para tomar mis propias decisiones importantes.		
12. Siento que la gente que es importante para mí me aprecia.		
13. Me resultan interesante o motivador, hacer cosas nuevas.		
14. Me respeto y me mantengo fiel a lo que siento y creo.		

Resultados:

De 11-14 puntos: Posees un buen nivel de aprecio personal y autoconfianza.

De 7-10 puntos: La autoestima esta en nivel medio, hay áreas que aún podrías mejorar.

De 0-6 puntos: Nivel bajo de autoestima, identifica las razones y trabájalas. Intégrate al amor de Jesús.

Porque de tal manera amó Dios al mundo, que ha dado a su Hijo unigénito, para que todo aquel que en él cree, no se pierda, mas tenga vida eterna.Juan 3:1

Identificando traumas para ser sanados

Indica con un **Si** o **No**, las aseveraciones que aparecen a continuación

Indica con un Sí o No, las aseveraciones que aparecen a continuación	S I	NO
1. ¿Combatiste o participaste en alguna guerra?		
2. ¿Sufriste alguna agresión grabe en tus años de formación o en tú juventud?		
3. ¿Viviste en un hogar disfuncional, (adicciones pleitos, extrema pobreza?		
4. ¿ Has experimentado desastres naturales, accidentes de auto entre otros?		
5. ¿Vienen a tu memoria imágenes tormentosas de experiencias vividas?		
6. ¿Sientes temor, desanimo, ansiedad o depresión con regularidad?		
7. ¿Has olvidado algunas vivencias, como si tuvieras bloqueos de recuerdos?		
8. ¿Tienes problemas para dormir?		
9. ¿Evitas pensar, hablar o sentir vivencia que te ocasionan dolor al recordarlas?		
10. ¿Experimentas fuertes reacciones de ira?		
11. ¿Le das poca importancia a las metas que te trazaste en la vida?		

Ninguna: respuesta afirmativa, indica que no hay evidencias de traumas existentes.

De 1 a 2: Si existen señales, pero posee habilidad y fuerzas para enfrentarlos.

De 3 a 5: Existe evidencia, los traumas pueden ser un serio problema, y necesita conocer más del tema para saber afrontarlos y trabajarlos

De 7 en adelante: Tu situación es seria, espero que estés enfrentando tus traumas con la debida pericia y dedicación que requiere. Jesús es la respuesta.

Comportamientos relacionados con el abuso sexual

Observa cada uno de los siguientes comportamientos, asociados con el abuso sexual a menores. Indique si ha presentado alguno de ellos a través de su vida, mostrando su tiempo de vigencia, con un:

[**T-V**= Toda la vida], [**P.A.** = Por años], [**R** = Reciente], [**N**= Nunca]

Comportamientos	T.V.	P.A.	R.	N	Comportamientos	T.V.	P.A.	R.	N
1. Cambios bruscos de conducta 2. Llantos frecuentes					11. Rechazo personal				
3. Miedo a estar sola 4. Miedo a los hombres o a uno solo					12. Fantasías				
5. Resistencia a desnudarse 6. Resistencia a bañarse					13. Problemas escolares				
7. Pérdida o aumento del apetito 8. Aislamiento					14.Chuparse los dedos				
9. Rechazo a las relaciones sociales 10. Rechazo padres u otro familiar					15. Enuresis [Orinarse en la cama]				
Comportamientos en el área sexual					16. Tendencia al secretismo				
1. Rechazo a las caricias 2. Conducta seductora					17. Acciones delictivas				
3. Conductas precoces 4. Juicio sexual inadecuado para su edad					18. Auto lesiones				
5. Interés exagerado por el comportamiento sexual en los adultos					19. Intento de suicidio				

Es fundamental conocer estos comportamientos, tanto por la víctima, como por las personas en su entorno. La tendencia más común, es rechazar a las personas que observan estas conductas. Esta información te podría arrojar luz, para inferir que estas manifestaciones podrían estar dando una señal de

Pastora Sonia

que ese niño/a, hombre o esa mujer, fueron abusados sexualmente, puede ser recientemente o hace muchos años. Recuerda que las emociones no envejecen, si no están restauradas, se manifestarán a la menor provocación, en: Lascivia, adulterio, fornicación, homosexualidad, lesbianismo, prostitución, entre otras. Este es el Rumbo que puede seguir una vida marcada por el abuso sexual, no te centres tanto en el pecado que perciben estas personas. Declara sanidad y liberación de su duro pasado, amalo/ a y acéptalo/a, no por lo que hace, sino por lo que Jesús puede hacer en él o ella, cuando les salva y les restaura.

Contesta las siguientes preguntas con Si o No

Co dependencia familiar	Si	No
1. ¿Tu forma de pensar y de sentir dependen en gran manera de lo que opine tu familia?		
2. ¿Te afectan demasiado los problemas que pasan en el hogar donde naciste, que te sientes en la obligación de resolverlos a antes quelos tuyos?		
3. ¿Tu principal enfoque es complacer y proteger a tu familia?		
4. ¿Manipulas los sucesos para que los demás hagan las cosas como tú deseas?		
5. ¿No te importa afectarte, con tal de evitarle sufrimientos a tu familia?		
6. ¿Pones a un lado tus diversiones y gustos con tal de ver feliz a tu familia?		
7. ¿Estás más consciente de las necesidades de otros que las propias?		
8. ¿Tus planes y metas futuras están ligadas a la de tu familia paterna?		
9. ¿Tu círculo de amigos encierra solo a las personas que tu familia frecuenta?		
10. ¿Te sientes más seguro si estas unido al entorno familiar que te vio nacer?		

Resultados: Si estás de acuerdo con **3 o 4** afirmaciones, podrías llegar a ser un co dependiente familiar, pero no al extremo.

Si estás de acuerdo con **5** afirmaciones en adelante, reflejas un alto sentimiento de co dependencia familiar. Piensa un poco en esto, es más importante de lo que te imaginas.

Convendría, centrarte más en tu vida, obviamente sin descuidar tu relación familiar. Tú tienes una personalidad propia y metas personales que son más difíciles de alcanzar cuando se es co dependiente de otros y no de Dios y de ti mismo. Una cosa es honrar a nuestros padres y otra muy diferente es la individualidad de cada persona, incluyendo las metas y el llamado que cada cual tiene individualmente, mayor aún, ante el mandato divino sobre dejar padre y madre y ser una sola carne. Cuando un hombre o una mujer no rompen con la co dependencia familiar, es muy difícil que puedan ser felices y perdurar en una relación matrimonial. Se pueden casar infinidades de veces, pero si ese vínculo de co dependencia no se descarta, ninguna relación va a permanecer. El que tenga oídos que oiga.

Pastora Sonia

¿Sabes controlar tú ira?

Conteste (**Casi siempr**e= 1punto) (**A veces**= 5 puntos) (**Casi nunca** = 1)

1) Me siento sereno y relajado la mayor parte del tiempo.			
2) Creo que tengo la razón la mayoría de las veces.			
3) Siento que muchas personas se quieren aprovechar de mí.			
4) Siento que la gente es poco respetuosa con los demás.			
5) Siento que soy responsable que la mayoría de las personas			
6) Al acostarme, repaso todos los insultos recibidas en todo el día.			
7) Se me hace difícil perdonar.			
8) Piensa que el mundo es peligroso y que hay que saber defenderse,			
9) Los demás consideran que es iracundo.			
10) No me gustan ni acepto las bromas			

Si ha obtenido entre 10 y 40 puntos: Usted es una persona que pasa la mayor parte del tiempo airada.

Si ha obtenido entre 41 y 70 puntos: Su control de la ira es bastante bueno, aun así, debe mejorarlo. No se irrita fácilmente y tiene buenos mecanismos para encontrar la calma.

Si ha obtenido entre 71 y 100 puntos: Usted es una persona que reprime el coraje, le preocupa mucho hacer daño a los demás o poner los limites justos

La ira es un sentimiento muy común en las personas que tuvieron fuertes vivencias. Probablemente tenga dificultades en asumir otros sentimientos y emociones negativas como la tristeza, ansiedad, depresión y para no sentir dolor, elija tristemente airarse, además, puede a estar excesivamente alerta e interpreta que lo que pasa o dicen, es personal y lo toma como un ataque a su rectitud psicológica. Es recomendable que aprenda a detectar la ira en cuanto se presente para poder serenarse lo antes posible, sin llegar a caer en una ira incontrolable. No es justo, que posiblemente, cuando viva situaciones de injusticia, la rabia que le generen, la descargue contra usted mismo, ya sea deprimiéndose o teniendo diversos, trastornos físicos como dolor de cabeza, de estómago, náuseas, entre otros. La ira no es un pecado, ya que puede llegar a ser una fuerza interna que nos motive a realizar cosas que pensábamos no realizar jamás, se torna en pecado cuando nos lastimamos y lastimamos a los demás. *Airaos, pero no pequéis; Efesios 4:26a*

Test para el esposo y la esposa

Escoge la respuesta que mejor aplique a tu relación entre *Sí – No* -- *y AV* para A veces.

Test para el esposo	Test para la esposa	
1. ¿Consideras que tu esposa es una ayuda idónea y eficiente?	1. ¿Eres la compañera virtuosa con la que todo esposo sueña?	
2. ¿Te gusta estar acompañado de tu esposa constantemente?	2. ¿Te consideras una esposa idónea, o sea, hábil, inteligente trabajadora?	
3. ¿Amas y estimas a tu esposa como si fuera un tesoro de gran valor?	3. ¿Expresas lo que sientes con amor y respeto?	
4. ¿Se compara tu amor de esposo al de Cristo al amar a la iglesia?	4. ¿Va tu estilo de vida acorde con el de la esposa admirada por el esposo?	
5. ¿Es tu amor tan grande que eres capaz hasta de dar tu vida por ella?	5. ¿Eres pacificadora y serena en el momento de la dificultad?	
6. ¿Te sientes orgulloso por la esposa que tienes?	6. ¿Desechas el ser insistente al grado de ser como una gotera en tiempo de lluvia cuando quieres algo?	
7. ¿Eres delicado y amable con tu cónyuge?	7. ¿Te sujetas a tu esposo como cabeza del hogar en todo?	
8. ¿Eres sabio con ella y la tratas como un vaso más frágil?	8.¿Cuando las cosas no salen como quieres mantienes un dialogo eficaz?	
9. ¿Te preocupa que tus oraciones tengan estorbo si no la tratas como vaso frágil a tu esposa?	9. ¿Sabes lo que debes hacer para que tu esposo encuentre la bondad de Dios a través de ti?	
10. ¿Sientes que tu matrimonio durará toda la vida?	10. ¿Sientes que tu matrimonio durará toda la vida?	

De 8-10 Si – Poseen una relación excepcional con vías permanecer juntos toda la vida.

De 7-5 Si- La relación presente algunas desavenencias, pero están a tiempo de afrontarlas.

De 4-0 Si- La situación es de cuidado, deben trabajar las áreas afectadas o buscar ayuda.

Es recomendable evaluar las alternativas *No* y *A veces*, para que haya mayor eficacia en tu relación, ya que esta evaluación está tomada estrictamente de versículos bíblicos dados por Dios para el esposo y la esposa los **No y A veces**, deben corregirse por el bien de la relación.

Reflexión: No hay marcha atrás, aquello que fue, ya es, pero el poder y la gracia del Señor Jesús, restauran lo que pasó eternamente.

Pastora Sonia

Bibliografía

Capítulo I

http://www.paralideres.org/files/pic_4004.pdf codeendencia
www.scanva.orghttp://www.amen-amen.net/RV1960/https://
escueladebiblia.wordpress.com/2010/07/09/1-la-creacion-del-
hombre/

Capítulo II

Centro de ayuda a víctimas de violación (1995). Cuanto sabe
usted sobre el abuso   sexual a menores (2da Ed. Puerto Rico.
Departamento de Educación. Pública (1998] Prohibición
del hostigamiento sexual en las instituciones de enseñanza.
Ley 3(Ira. Ed). Puerto Rico Diccionario Manual de la Lengua
Española Vox. © 2007 Larousse Ed.S.L.

Trends in Children's Exposure to Violence Child Abuse
jamanetwork.com/journals/jamapediatrics/fullarticle/1863909
Martin A. (1995). Maltrato y abuso sexual de niños primera
edición Miami Fl. Unilit Semillas para el Cambio. (1997).
Medidas de precaución (2 da Ed). Puerto Rico Skinner B.
(1953). Science and Human Behavior. New York. Mac. Millan.
Sonia I. Gomez Echevarría (2000). La percepción de quince
consejeros escolares de la región educativa de Humacao en
relación al abuso sexual a niños. Puerto Rico Susana R. (1994).
Incesto violencia oculta Ira Ed. Es. Cliehttps://metalgalamoth.
wordpress.com/2012/02/25/100- parafilias-extranas/

Capítulo III

http://kidshealth.org/es/parents/cyberbullyingesp.html?WT.
ac= http://kidshealth.org/parent/en_espanol/emociones/
cyberbullying_esp.htmlhttp://www.elbullying.com/legislacion-
acoso-escolar-leyes/Mellado, R. (1983) La Moral en la
educación. Universidad de Puerto Rico (Ed.) De Hernández,
M. N. (1960). Necesidades y problemas de los estudiantes
adolescentes de la escuela superior en Puerto Rico. San Juan,
Departamento de Instrucción Pública (Ed.)

Capítulo IV

Frank Hammond (1998) Victoria sobre el rechazo
editorial Desafío Colombia http://www.adicciones.
org/familia/codependencia.html http://www.hhv.
gob.pe/revista/2004II/6%20INTERVENCION%20
COGNITIVOCONDUCTUAL%20EN%20UN%20%20GRUPO.

Capítulo V

Morris, C. (2012). Psicología. México: Pearsonhttp://
psicologia.laguia2000.com/la-depresion/definicion-de-
autoestima#ixzz2z3aAea6T -http://www.psicologia-online.
com/autoayuda/autoestima/autoestima.shtmlDefinición
de Autoestima | La guía de Psicología http://
psicologia.laguia2000.com/la-depresion/definicion-de-
autoestima#ixzz4DI1EN0jz -Susan C. Cloninger (2003)
Teorías de la personalidad Pearson Educació, Mexico

Capítulo VI

Aponte, E. (1988). Perfil del desertor escolar y estrategias para
retenerlo. Pedagogía, http://www.inteligenciaemocional.org/
aplicaciones_practicas/14_consejos_adoelscentes.htmGaleana,
Rosaura. La infancia desertora. SNTE-México.1997. (Tomado

de la revista La educación en nuestras manos.N°64.Julio-Agosto 2001) De Hernández, M. N. (1960). Necesidades y problemas de los estudiantes adolescentes de la escuela superior en Puerto Rico. San Juan, Departamento de Instrucción Pública (Ed.) Acosta, J. A. (1997, mayo). La deserción escolar: problema educativo El Sol, 40, 38-42.

http://www.safehouse-denver.org/pagina-principal/que-es-la-violencia-domestica/el-ciclo-de-violencia-domestica

Capítulo VII

Divorcio Fuente: Departamento de Salud, Secretaría Auxiliar de Planificación y Desarrollo, División de Análisis Estadístico, San Juan, Puerto Rico/ Estimaciones Anuales de Población desde 2011 al 2013, al 1 de julio, Negociado del Censo de los Estados Unidos.   http://www.estadisticas.gobierno.pr/iepr/Estadisticas/InventariodeEstadisticas aspxhttp://www.nosdivorciamos.mdGFibGE9YXJ0aWN1bG8mb3BjaaW9uPTE3http://www.omicrono.com/2013/07/como-afecta-el-divorcio-a-los-hijos/ http://www.emol.com/noticias/Nacional/2016/03/13/792754/La-taza-de-divorcios-supera-en-10-mil-casos-a-los-matrimonios-inscritos-en-2015.html

Capítulo VIII

www.webdelbebe.com/psicologia/problemas-que-deben-superar-las-madreshttp://www.psicologiacientifica.com/bv/psicologia-107-1-estilo-de-vida-perfil-psicologico-y-demografico-de-mujeres-m.htmlwww.webdelbebe.com/psicologia/problemas-que-deben-superar-las-madreshttp://www.babysitio.com/embarazo/psicologia_madre_soltera.php#ixzz4910TZEO4http://www2.pr.gov/agencias/

mujer/Estadisticas/Pages/default. http://www2.pr.gov/
agencias/mujer/Estadisticas/Pages/default.http://www.
yosoymadresoltera.org/madres-adolescentes-en-america-
latina-y-el-caribe-dia-de-la-prevencion-del-embarazo-
adolescente/

Capítulo IX

Dr.Dobson1997 contesta a sus preguntas Ed. Unilit
Biblia Reina Valera 1960   King James Editorial Vida Fl.http://
www.psicologia-online.com/autoayuda/pareja/conflictos_de_
pareja.shtml http://www.es-asi.com.ar/node/67

Capítulo X

http://www.doctissimo.com/es/salud/diccionario-medico/
discapacidadhttp://microcefalia.org/http://www.wikicristiano.
org/diccionario-biblico/significado/mefiboset/http://
es.thefreedictionary.com/indecentehttps://es.wikipedia.org/
wiki/ Manual_diagn%C3%B3stico_y_estad%C3%ADstico_de_
los_trastornos_mentales

Capítulo XI

Biblia Reina Valera 1960   King James Editorial Vida Fl.
Comentario Bíblico Moody editorial PORTAVOZ 1993
Comentarios bíblicos Beacon Caa Nazarena de Pub.
1996http://www.amen-amen.net/RV1960/http://www.
wikicristiano.org/diccionario-biblicoComentario Biblico Moody
editorial PORTAVOZ 1993

Pastora Sonia